Stefan Köhler-Holle

Bauklotz-Turm & Zollstock-Schiff

Einfach geniale Werk-Aktionen mit Foto-Beispielen zum Bauen & Konstruieren in Kiga & Grundschule

Ökotopia Verlag, Münster

Impressum

Autor	Stefan Köhler-Holle, Bremen
Lektorin	text.[Marke] Katja Müllenmeister, Hamburg
Covergestaltung	PERCEPTO mediengestaltung
ISBN	978-3-86702-243-9

2. Auflage 2016

Bleiben Sie in Kontakt

www.oekotopia-verlag.de

Danksagung

Danke an …

… meine Kinder Fenja und Jantje, die zahlreiche Bauwerke zu diesem Buch beigetragen und viele meiner Ideen ausprobiert haben. Eigentlich sind sie die »Autorinnen« dieses Buches. Ohne die beiden würde es dieses Buch nicht geben.

Fenja und Jantje Köhler-Holle

Inhalt

Vorwort

Eine Konstruktion aus Dosen, Deckeln und Magneten

Alles begann mit einer kleinen Sammlung von Dosen, Deckeln und Magneten, mit denen meine Kinder sofort experimentierten und bauten. Als sie noch ganz klein waren, schütteten sie Murmeln, Steinchen oder Eicheln von einer Dose in die nächste. Dann gingen sie dazu über, aus den Dosen Türme zu bauen. Immer wieder stapelten sie diese in den unterschiedlichsten Arten aufeinander und brachten sie wieder zum Einsturz. Heute sind sie acht Jahre alt und bauen aus Dosen und Magneten fantasievolle Bauwerke.

Auch in meiner Zeit als Erzieher in einem privaten Kindertagesheim habe ich mit den Kindern viele Bewegungsstunden mit Alltagsmaterialien, wie z. B. Teppichresten, Zollstöcken, Schachteln, Flaschen und Kartons, gemacht. Ein Großteil dieser Materialien ist mir erhalten geblieben und kommt immer noch in verschiedenen Gruppen im Sportverein zum Einsatz. Und egal, welches Material ich verwende, die Kinder nutzen es immer wieder dazu, Brücken, Häuser und Zelte, Türme oder Fahrzeuge zu bauen. Dabei gehen sie immer sehr experimentierfreudig und fantasievoll vor.

Beim Bauen und Konstruieren greifen sie auf die Geometrie, die sie aus ihrem Alltag kennen, zurück. Das Rad als Teil eines Fortbewegungsmittels lernen Kinder sehr schnell kennen. Sei es als Rad an der Kinderkarre, am Dreirad oder Bobbycar. Kinder ziehen und schieben diese Fortbewegungsmittel für ihr Leben gerne. Mal transportieren sie Steine oder sie ziehen sich gegenseitig über den Spielplatz.
In vielen Beratungsgesprächen und Inventuren in Kindertagesheimen und Schulen habe ich die Erfahrung gemacht, dass zwar Unmengen an Materialien vorhanden sind, aber nur Wenige davon wissen. Außerdem fehlt es den PädagogInnen, ErzieherInnen und LehrerInnen oft an Ideen, wie die verschiedenen Materialien verwendet werden können.

Diese unterschiedlichen Erfahrungen und Beobachtungen habe ich zum Anlass genommen, um dieses Buch zum Thema »Bauen und Konstruieren« zu schreiben. Viele Ideen sind in Workshops oder Projekten mit Kindern entstanden: sind daher praxiserprobt und -tauglich. Dabei geht es mir nicht darum, reine Anleitungen zu geben, wie Kinder einen Turm oder eine Murmelbahn bauen können. Vielmehr möchte ich Möglichkeiten aufzeigen, wie verschiedene Materialien eingesetzt werden können, damit Kinder dazu ermuntert werden, mit ihnen zu experimentieren und eigene Pläne zu entwickeln. Denn oft kommen sie auf ganz andere und viel einfachere Lösungen, wie sie z. B. einen Turm stabil bauen können, als wir Erwachsene. Betrachten Sie dieses Buch daher als Rezeptbuch. Sie können ihm – angeregt durch meine Ideen – neue Zutaten hinzufügen oder vorhandene Rezepte nach eigenem Bedarf abändern.

Im ersten Teil des Buches erhalten Sie Hintergrundwissen zum Bauen und Konstruieren mit Kindern. Neben diesen Grundlagen gibt das Buch Einblicke in wichtige Aspekte der Architektur und Geometrie. Ein spielerischer und bewegter Umgang mit dem Thema ermöglicht dabei einen kindgerechten Zugang. Die spielerischen und bewegenden Momente fördern Konzentration und Motivation der Kinder. Sie lernen soziales Miteinander und müssen bei gemeinsamen Bauwerken miteinander kooperieren. Ein bewegter Umgang fördert Eigeninitiative und Zielstrebigkeit. Einzelne Erfahrungen lassen sich in die Umwelt und den Alltag der Kinder übertragen. Geometrie gestaltet sich in der Schule oft recht eintönig und fristet in der Mathematik eher ein Schattendasein. Völlig zu Unrecht, wie die im Buch beschriebenen Herangehensweisen zeigen werden.

Im zweiten Teil finden Sie Beschreibungen zu verschiedenen Materialien, die sich zum Bauen und Konstruieren eignen. Das Material wird jeweils vorgestellt: Spiele und Übungen, mit denen die Kinder sich auf das Material einstellen können, sowie zahlreiche Anleitungen und Fotos von Bauwerken. Alle Materialien haben einen hohen Motivationscharakter und üben nicht nur auf Kinder einen großen Reiz aus.
Um gezielt einzelne Ideen zu den Materialien auswählen zu können, sind die Kapitel zu den Materialien nach den verschiedenen Konstruktionen, wie z. B. Konstruktionen aus Spiel- und Karteikarten, eingeteilt, die mit ihnen gebaut werden können.

Bei den Konstruktionen in diesem Buch wird weitgehend versucht auf Hilfsmittel, wie z. B. Klebstoff, zu verzichten. Zur Stabilität der Objekte tragen lediglich die Eigenschaften der benutzten Materialien bei.
Hin und wieder kann jedoch zu einer kleinen Schummelei gegriffen werden. Wenn die Kinder mit ihren Bauwerken spielen, sie transportieren oder ausstellen wollen, ist ein bisschen Klebstoff oder ein Tacker vonnöten, damit sie nicht auseinanderfallen. Einige Bauwerke aus dem Buch sind recht ausführlich beschrieben. Das liegt daran, dass hier eine be-

sondere Technik oder Bauweise vorliegt. Andere Bauwerke sind nur kurz beschrieben, da die ergänzten Fotos für sich sprechen.
Nicht immer war es dabei möglich, ein Bauwerk eindeutig einem Material zuzuordnen. Bei der Einsortierung habe ich mich daran orientiert, welches Material oder welche Technik im Vordergrund steht.
Altersbedingt werden im Buch vor allem Turmkonstruktionen vorgestellt. Ein weiterer Schwerpunkt sind Murmelbahnen und die sogenannten Erbsenarbeiten – eine Art des Bauens, die von Friedrich Fröbel geprägt wurde.
Die Ideen in diesem Buch sollen Anregungen geben, was alles möglich ist. Die eine oder andere Konstruktion ist dabei mit ganz unterschiedlichen Materialien möglich. Beispielsweise finden sich in jedem Kapitel die unterschiedlichsten Möglichkeiten, um Murmelbahnen zu konstruieren und zu bauen.
Einige der Spiele und Übungen sind zudem für kleinere und jüngere Kinder nicht geeignet. Betrachten Sie diese daher als Rezept und würzen Sie es so, dass nicht nur die älteren Kinder sie spielen können.

Ich lade Sie mit diesem Buch herzlich ein, sich mit den Kindern gemeinsam auf das Erlebnis Geometrie und Architektur einzulassen.

Einen abschließenden Satz von Maria Montessouri möchte ich Ihnen mit auf den Weg geben:

»Hilf mir, es selbst zu tun.«

Ihr Stefan Köhler-Holle

Grundlagen des Bauens und Konstruierens mit Kindern

Ein Schraubenpuzzle

Einführung

Kinder sind von Natur aus neugierig, sie probieren verschiedene Dinge aus, ohne dass damit immer gleich ein bestimmter Zweck verbunden ist. So treibt es Kinder z. B. immer wieder nach oben: auf der Schaukel, am Klettergerüst, auf einen Baum wie auch beim Bauen eines Turms.

Dabei interessieren sie sich immer für solche Aktivitäten, die neu für sie sind bzw. die sie aufgrund einer neu erlernten Fähigkeit selbst ausführen können. Jede Altersstufe bietet dabei neue Anreize für das Bauen und Konstruieren. Je älter die Kinder werden, desto komplexer werden auch die Bauwerke.
Wenn Kinder sich z. B. aufsetzen können und sich stolz ihren Platz in der Sportkarre ergattert haben, lassen sie voller Hingabe Dinge fallen und heben sie wieder auf. Sobald sie diesen Gegenstand wieder in der Hand halten, geht ein leises Lächeln über ihr Gesicht und er wandert wieder auf den Boden. Diese Phase geht in die nächste über: mit voller Wonne einen Turm zum Einsturz zu bringen. Erst später – mit etwa 2 Jahren – folgt die Lust, Türme selbst zu bauen.

Beim Bauen selbst können Kinder die unterschiedlichsten Materialien nutzen. Neben allerlei Konstruktionsspielzeug, wie z. B. Lego oder Lego Duplo, eignen sich auch Alltagsgegenstände, wie z. B. Zollstöcke, um Konstruktionen zu planen und zu bauen. Hiermit können Kinder ganz neue fantasievolle Bauten errichten, weil sich ein Zollstock biegen lässt.
Oft ist dabei Konzentration nötig, wenn Material nicht so reagiert, wie das Kind sich das vorstellt. Manchmal ist Geduld gefragt, wenn Konstruktionen nicht halten und zusammenstürzen. Eines entschädigt aber: die lustvolle Erfahrung, wenn eine Konstruktion fertig ist und sie hält.

Türme auf dem eigenen Körper bauen

Ob auch der dritte Becher oben bleibt?!

Aber was ist eigentlich eine Konstruktion? Der Begriff kommt aus dem lateinischen – von *»con = zusammen«* und *»struere = bauen«*. Im Bauwesen ist mit einer Konstruktion das Gefüge von verschiedenen Bauteilen gemeint. Damit eine Konstruktion standhaft ist, kann das Kind im Entstehungsprozess einige Experimente machen: Wie groß muss ein Fundament sein, damit das Gebilde genügend Standfestigkeit hat? Ist das Gleichgewicht des Gebildes gewährleistet? Was passiert mit einem Turm, wenn er nach oben hin breiter wird? Was für Besonderheiten lassen sich mit den unterschiedlichen Materialien herstellen? Wie passen die einzelnen Bauteile zusammen?

Im Konstruktionsspiel setzt sich das Kind ein Ziel. Um dieses Ziel zu erreichen, sind Ausdauer und vorausschauendes Denken wichtig.

Die Aufgabe des pädagogischen Fachpersonals ist es, den Kindern zum Bauen und Konstruieren Raum und Zeit zur Verfügung zu stellen. So werden Rahmenbedingungen geschaffen, in denen Kinder lustvoll experimentieren und spielen können. Während der Konstruktionsphase nehmen PädagogInnen daher eine beobachtende Rolle ein und stehen den Kindern beratend zur Seite. Manchmal ist es auch nötig, Unterstützung anzubieten.

Lernerfahrungen durch Bauen und Konstruieren

Bauen ist eine der ursprünglichsten Tätigkeiten des Menschen. Alle unsere Tätigkeiten, ob privater oder beruflicher Natur, spielen sich in bebauter Umgebung ab. Bauwerke beeinflussen unser Befinden: vielleicht ängstlich, wenn wir von einem hohen Turm hinunterschauen oder in einem engen Fahrstuhl stehen; freudig, wenn etwas in warmen Farben gebaut wurde oder Bauwerke besonders einladende Türen haben.

Das Bauen und Konstruieren verschafft mathematische Grunderfahrungen und fördert diese:

- Förderung des räumlichen Wahrnehmungsvermögens
- Erfassen von Lagebeziehungen
- Förderung der visiomotorischen Koordination
- Elementare und sinnliche Erfahrungen

In Bezug auf:
- Schwerkraft
- Formen oder Oberflächen
- Erfahrungen mit Normen und Standards
- Erkennen von Maßstäben

Der Lernprozess vollzieht sich dabei während des Bauens und Konstruierens:
Wenn Kinder z. B. Türme bauen, müssen sie auf ein starkes Fundament und eine solide Statik achten, andernfalls kippt der Turm um, weil sich z. B. der Schwerpunkt nicht in der Mitte des Turmes befindet oder der Turm zu hoch ist und nicht genügend am Boden verankert ist.

Durch das Besprechen von Konstruktionen und das gemeinsame Bauen von Bauwerken machen die Kinder zudem sehr wichtige soziale Erfahrungen. Sie üben sich in Kommunikation und Interaktion. Ebenso lernen sie, sich gegenseitig Hilfestellung zu geben.

Beim Bauen und Konstruieren können Kinder Erfahrungen sammeln, die sie nicht von Erwachsenen vorgeschrieben bekommen. Sie entwickeln eigene Wege und Ziele, um ein stabiles Bauwerk zu errichten. Gleichzeitig erhalten die Kinder eine hohe Wertschätzung durch Erwachsene, wenn diese sich die Bauwerke anschauen.

Kinder lernen, das eigene Handeln zu planen. Sie lernen des Weiteren, selber entscheiden zu können und für die Entscheidungen geradezustehen und sie zu vertreten. Die Erwachsenen, die diesen Prozess begleiten und Impulse geben, werden zum Partner des Kindes. Das Kind ist für einen Moment seines Lebens »Fachmann« oder »Fachfrau«.

Konstruktionsphasen von der Idee bis zum fertigen Ergebnis

Kinder lernen durch einen Konstruktionsprozess, systematisch zu arbeiten:

- Eine Idee entsteht.
- In Stichworten oder als Zeichnung entsteht ein erstes Bild von der Konstruktion.
- Mitstreiter gewinnen.
- Fragen: Welches Material brauche ich? Welches Werkzeug?
- Material und Werkzeug beschaffen.
- Den Arbeitsplatz vorbereiten.
- Klären, was mit dem Endprodukt passieren soll. Wird es wieder abgebaut? Wird es ausgestellt?
- Bauphasen:
  - »Fundament« bauen.
  - Langsam geht es in die Höhe und Breite.
  - Der Abschluss (Dach).
- Letzte Arbeiten und Verfeinerungen an der Konstruktion.
- Die Konstruktion ist fertig!
- Das Bauwerk gestalten (innen und außen).

Im Zuge der Konstruktionsphase kommt es immer wieder vor, dass am Ende etwas ganz anderes herauskommt, als geplant war. Die Vorstellung über die Konstruktion verändert sich in der Bauphase. Vor allem in der Arbeit mit Dosen, Deckeln und Magneten ist dies zu beobachten. Dinge funktionieren nicht sofort. Magnete verhalten sich nicht so, wie erwartet. Darauf kann der Konstrukteur oder die Konstrukteurin reagieren und das Objekt umgestalten.

Spiele zum Einstieg in das Thema

Mikado

Wie verhalten sich verschiedene Materialien? Das Spiel Mikado bietet eine gute Möglichkeit, diese Frage zu beantworten.

Alter: ab 4 Jahren
Material: Holzklötze, Legosteine, Zollstöcke; evtl. Bauklötze

Die Kinder stapeln verschiedene Materialien, wie z. B. Holzklötze, Legosteine oder Zollstöcke, übereinander, sodass ein unsortierter Haufen entsteht. Sie stellen Überlegungen an, wie sich die Einzelteile verhalten, wenn ein Gegenstand an einer Stelle weggenommen wird.
Eines der Kinder nimmt einen der Gegenstände vorsichtig auf, benennt und beschreibt diesen und legt ihn neben sich. Haben sich andere Gegenstände auf dem Haufen beim Aufnehmen bewegt, ist das nächste Kind an der Reihe, andernfalls darf es einen weiteren Gegenstand aus dem Haufen ziehen. Das Kind mit den meisten Gegenständen am Ende des Spiels hat gewonnen.

Variante »Zollstock«

Eine ganz besondere Variante von Mikado ist das Spielen mit ausgeklappten Zollstöcken. Hier müssen die Kinder nicht nur bedenken, dass sich Teile bewegen können, wenn eines weggezogen wird, sondern auch, dass die Zollstöcke sehr lang und flexibel sind.

Variante »Jenga«

Das Spielprinzip besteht darin, einen Baustein aus einem Turm zu entfernen und ihn oben wieder anzulegen, ohne dass der Turm zusammenfällt. Die Kinder legen jeweils drei Bausteine in einer Ebene übereinander, gebaut quer zur darunter liegenden Ebene. Anschließend beginnt das eigentliche Spiel. Ein Kind zieht einen Stein aus dem Turm und legt ihn oben wieder auf. Das Spiel endet, wenn der Turm umgefallen ist. Kinder können die Bewegungen dieser Materialien in einem Bewegungsspiel nachempfinden (siehe nachfolgendes Spiel).

Knotenspiel

Beim Knotenspiel wird ein ähnliches Prinzip wie beim Mikado angewendet. Hier geht es aber weniger darum, immer etwas wegzunehmen, sondern darum ein scheinbares Chaos, einen Haufen an Menschen zu entwirren. Und je nachdem, wie sich die einzelnen Spieler verhalten, kommt die Statik ins Wanken oder fällt zusammen.

Alter: ab 6 Jahren

Ideal ist eine Gruppengröße von 12 bis 20 Spielern. Die Kinder stellen sich im Kreis auf und schließen die Augen. Alle heben ihre Arme nach oben und gehen in die Mitte, bis es nicht mehr weitergeht. Die Kinder senken ihre rechte Hand und erfassen eine beliebige Hand eines anderen Kindes. Es folgen die linken Hände. Haben alle Hände eine andere zu fassen bekommen, öffnen die Kinder ihre Augen. Ein riesiges Wirrwarr aus Händen ist entstanden. Sie entwirren den entstandenen Knoten, ohne die Hände voneinander zu lösen. Hilfreich ist es, wenn von außen ein Kind beobachtet und Hinweise gibt.

Akrobatik mit Händen und Füßen

Alter: ab 7 Jahren
Material: für jede Kleingruppe eine Turnmatte; evtl. 3 Augenbinden

Es werden Kleingruppen gebildet. Die Gruppen haben die Aufgabe, Pyramiden zu bauen. Dabei sollen möglichst wenig Hände und Füße den Boden berühren. Dieses kann als Wettbewerb gespielt werden. Es hat die Gruppe gewonnen, in deren Pyramide die wenigstens Hände und Füße den Boden berühren.

Variante »Pyramide ertasten«

Drei Spieler bekommen die Augen verbunden. Drei andere bauen eine Pyramide. Nun kommen die »Blinden« und sollen stumm die Pyramide ertasten. Dafür haben sie eine Minute Zeit. Ist die Minute abgelaufen, baut sich die Pyramide ab und die »Blinden« dürfen die Augen wieder von den Binden befreien. Nun müssen sie aus der Erinnerung heraus die Pyramide nachbauen.

Menschliche Bauwerke

Aufbau einer quadratischen Figur: In der Architektur bezeichnet man dies als selbstragende Konstruktion (siehe Leonardobrücke Seite 99).

Alter: ab 8 Jahren
Material: 4 Wasserkästen

Vier Kinder setzen sich im Kreis hintereinander jeweils auf einen Wasserkasten. Die Füße stehen fest auf dem Boden. Nun lehnen sich alle soweit zurück, bis sie mit ihrem Rücken auf den Beinen der hinteren Person liegen. Die Vier bringen Spannung in den Po- und Beckenbereich und vier andere Kinder ziehen die Wasserkästen weg.

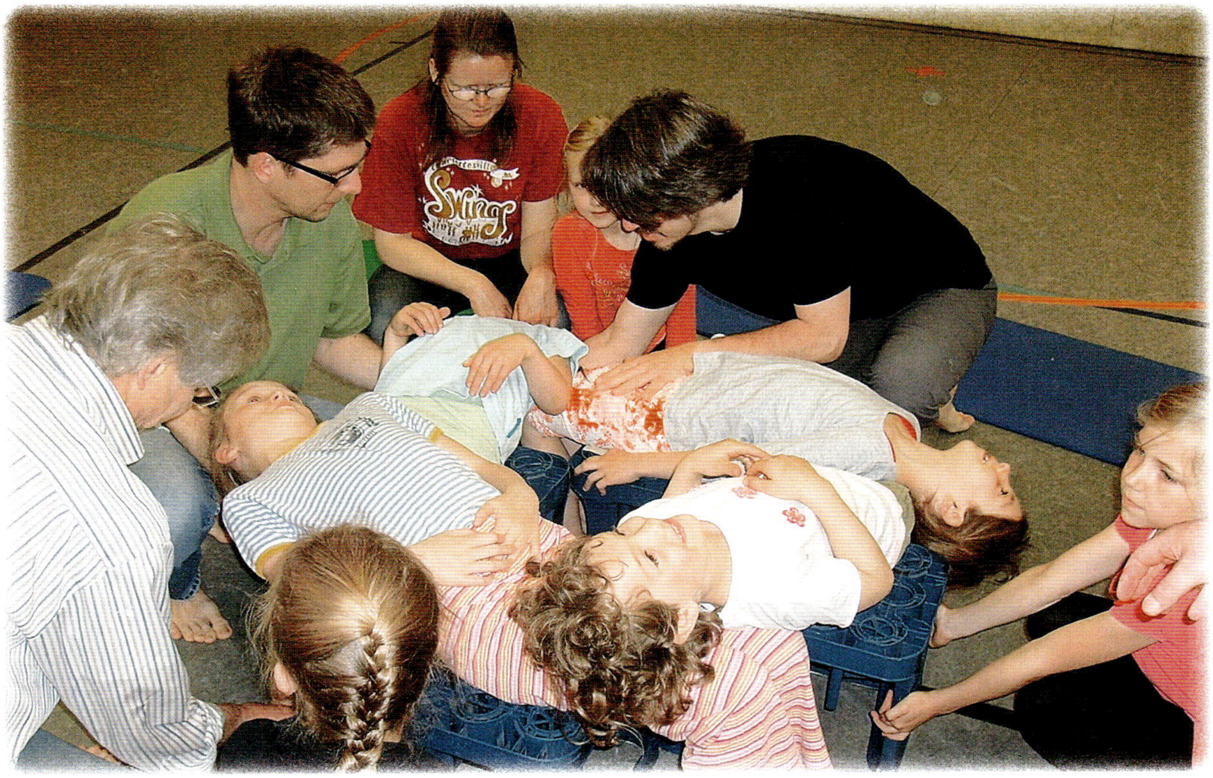

Ein menschliches Bauwerk allein durch Körperspannung

Architektur

Architektonische Besonderheiten in der Lebenswelt der Kinder: ein Torbogen

Kinder erleben Architektur in ihrer unmittelbaren Umgebung. Ganze Straßenzüge, Stadtteile und Dörfer oder ganze Städte werden von ihrer Architektur geprägt. Die unterschiedliche Architektur der Bauwerke trägt zum Bild bei, das die Kinder sich von ihrer Umgebung machen, und prägt ihre Lebenswelt. Dies können Giebel oder Türen, Fenster oder Reliefs, Hinterhöfe oder Vorgärten, Dächer

oder Fassaden sein. Sie erzählen Geschichten über die Vergangenheit, die Menschen, ihre Arbeit und ihr Leben.
Das passive Wahrnehmen ist das Eine. Ebenso eignet sich das unmittelbare Umfeld wie die Schulen und Kindergärten auch dazu, aktiv auf die Architektur der Umgebung einzuwirken. Kinder können z. B. an der Gestaltung des Außengeländes beteiligt werden. Gemeinsam kann eine Bestandsaufnahme gemacht, Pläne entworfen, Konstruktionen geplant, Modelle gebaut und in der Realität umgesetzt werden.

Dimensionen eines Bauwerks - Groß oder klein?

Grundvoraussetzung für das eigene Konstruieren und Bauen ist die Auseinandersetzung mit verschiedenen Größenverhältnissen: Ist etwas groß oder klein?
Mit den in diesem Buch vorgestellten Materialien können Kinder auf ganz einfache Weise figürlich bauen und so die große Welt in einen kleinen Maßstab übersetzen. Schon mit einem einzelnen Zollstock lassen sich einfache Strichmännchen oder Schlangen herstellen.
Mit den plastischen Materialien, wie z. B. Schachteln, Dosen und Magneten, entstehen wunderbare Figuren: Roboter, Marionetten und andere Gestalten.

Beim Bauen verändert sich der Blickwinkel des Kindes. Vieles nimmt es als groß wahr: Türme, Erwachsene, Autos. Baut ein Kind Türme, kann es selber beeinflussen, ob der Turm kleiner bleibt oder über seinen Kopf hinausragt.
Je nach Dimension eines Bauwerks gewinnt auch die Statik an Bedeutung. So müssen sich die Kinder Gedanken über ein Fundament machen, wenn das Gebäude besonders hoch werden soll. Bei einer Flugzeugkonstruktion müssen die Tragflächen entsprechend geplant werden und bei einem Auto die Größe der Reifen. Eine Möglichkeit, mit Kindern Größenverhältnisse zu trainieren, ist das Basteln von Schachteln, die ineinander passen – ähnlich wie bei russischen Babuschkafiguren.

Eines der ersten Bauwerke, die Kinder selbst bauen können und auch bei älteren Kindern beliebt sind, ist der Turm. Ein Gebäude ist ein Turm, wenn seine Höhe ein Mehrfaches seines Durchmessers beträgt. Bei den hier im Buch vorgestellten Materialien tauchen bestimmte Arten, einen Turm zu bauen, immer wieder auf. Und es gibt bestimmte Charakteristika und Gemeinsamkeiten:

- Türme und Gebäude laufen in der Regel nach oben hin spitz zu. Dies hat vor allem statische Gründe.
- Wenn in einem Turm direkt in der Spitze ein Lot hinuntergelassen wird, sind das Gewicht und die Anzahl der Baumaterialien auf beiden Seiten identisch. Der Turm befindet sich also im Gleichgewicht. Das sind sogenannte »Lotrechte Systeme«.
- Bei verschiedenen Turmkonstruktionen bekommt der Turm Stabilität, indem die Materialien von oben Druck auf die unteren Ebenen ausüben.
- Alle Systeme gemeinsam haben die Eigenschaft, dass das Baumaterial der oberen Ebenen auf die Lücken der darunter liegenden Ebenen gebaut wird.

Die verschiedenen Bauweisen lassen sich sehr gut miteinander kombinieren. So entstehen viel komplexere und eindrucksvollere Bauwerke.

Um einen spielerischen Zugang zum Thema Architektur zu fördern, können die nachfolgenden Spiele eingesetzt werden.

Spiele zum Architekturerleben von Kindern

Sandburg-Architekten

»Bei uns war heute mal wieder bescheidenes Wetter, um genau zu sein ›Sauwetter‹. Den Kindern hat das so gut wie gar nichts ausgemacht, sie waren am Matschen und haben diese tolle Wasserburg gebaut. Dort wohnen ›Unterwassermenschen‹, meinte ein Vierjähriger heute« (Kita HeDuDa Bremen, Evi Günther).

Alter: ab 3 Jahren
Material: Sand, Schaufeln, Gießkanne oder Sprühflasche, Wasser, verschiedene Materialien zum Verzieren (z. B. Muscheln, Steine, Stöcke)

Für die Burg schütten die Kinder den Sand auf und Formen daraus Gräben, Türme, Gebäude etc. Verziert werden die Burgen mit Materialien aus der unmittelbaren Umgebung, wie z. B. Steinen, Muscheln oder angeschwemmtem Holz. Größere Materialien müssen von den Kindern dabei fester in die Sandburg gedrückt werden, damit sie haften bleiben. Fallen sie trotzdem schnell aus dem Sand, könnte er zu trocken sein. Dann müssen die Kinder den Sand anfeuchten. Ideal dafür ist eine Sprühflasche oder eine Gießkanne mit feinen Löchern.

Sandburg im Entstehen

Hinweis: Spannend ist es bei Ebbe an der Nordsee auf dem Meeresboden im Watt eine Sandburg zu bauen, wo die Fläche bei Flut überschwemmt wird. Die Kinder können in einen kleinen Wettstreit treten, wessen Burg den Fluten am längsten standhält.

Architektur-Exkursion

Bei Architektur-Exkursionen begeben die Kinder sich von innen – aus ihrer Einrichtung – nach außen. Dabei erleben und erfahren sie, wie Bauwerke und ihr Lebensraum miteinander verwoben sind. Um Besonderheiten in der Architektur zu entdecken, bietet es sich an, sich mit den Kindern in der näheren Umgebung des Kindergartens oder der Schule unterschiedliche Bauwerke anzuschauen.

Alter: ab 3 Jahren
Material: Buntstifte, Papier, Fotoapparat

Die Spielleitung überlegt sich einige interessante Gebäude/Bauwerke. Sie geht gemeinsam mit den Kindern dorthin. Alle überlegen, was das Besondere an bestimmten Gebäuden/Bauwerken sein könnte. In der Straße »An der Finkenau« in Bremen-Oslebshausen befinden sich zum Beispiel Gebäude mit Reliefs, die Szenen aus dem Hafenleben darstellen und größere Pforten und Tore besitzen, die in die Gärten der Häuser führen. Dies ist ein Straßenzug, in dem früher Hafenarbeiter gelebt haben. Teilweise haben die Häuser keinen Keller, was für diese Arbeiterhäuser üblich war. Oft gibt es nur einen kleinen und flachen Kriechkeller, in dem früher die Kohlen lagerten.
Andere Merkmale können Zäune, Fenster oder Gärten sein. Ihre Beobachtungen können die Kinder malen oder fotografieren. Eine abschließende Ausstellung ist für die Eltern interessant, die ihre unmittelbare Umgebung aus den Augen ihrer Kinder betrachten können.

Hinweis: Die Dauer einer Exkursion sollte an das Alter der Kinder angepasst werden. Für jüngere Kinder reicht eine halbe Stunde. Die Gruppe sollte von mindestens drei Erwachsenen begleitet werden: zwei, die darauf achten, dass die Kinder zusammen bleiben, und einer, der sich inhaltlich mit den Kindern beschäftigt.

Ei hoch zwei

Eierstapeln (Geschicklichkeitsspiel)

Alter: ab 6 Jahren
Material: ein Teller, zwei hartgekochte Eier, Salz, Eierbecher; evtl. Kekse

Ein Ei wird in einen Eierbecher gestellt, der auf einem Teller steht. Auf das Ei wird Salz gestreut. Dieses Salz hilft, dass ein Ei auf dem anderen gestapelt werden kann. Das Spiel ist recht kniffelig und erfordert viel Geduld und Fingerspitzengefühl.

Variante »Keksstapeln«
Das Stapeln von Keksen auf der Stirn ist eine große Herausforderung an die Muskulatur und Körperspannung im Nacken und ist auch schon für jüngere Kinder geeignet.

Blinde Architektur

Alter: ab 4 Jahren
Material: Bauklötze, Augenbinde

Je zwei Kinder finden sich zu einem Paar zusammen. Die Spielleitung verbindet einem der Kinder die Augen. Das andere Kind baut aus fünf Bausteinen oder Schachteln ein kleines Bauwerk. Das Kind mit der Augenbinde ertastet das Bauwerk. Es dreht sich um, öffnet die Augen wieder und baut das ertastete Bauwerk aus der Erinnerung nach. Anschließend werden beide Bauwerke miteinander verglichen und die Rollen getauscht.

Brückenspiel

Alter: ab 6 Jahren

Jeweils zwei Kinder stehen sich gegenüber. Die Füße stehen fest auf dem Boden und Schulterbreit auseinander. Die Handflächen werden nach vorne gestreckt. Noch berühren sich die Handflächen der beiden Kinder nicht. Die Kinder zählen bis drei. Bei drei kippen die Kinder so nach vorne, dass sich ihre Handflächen berühren und sie mit ihren Armen eine Brücke bilden. Die Körper bleiben gestreckt und die Füße am Boden.
Mit etwas Übung und wachsendem Vertrauen können die Spieler die Entfernung variieren.

Kinder »bauen« eine Körperbrücke.

Geometrie

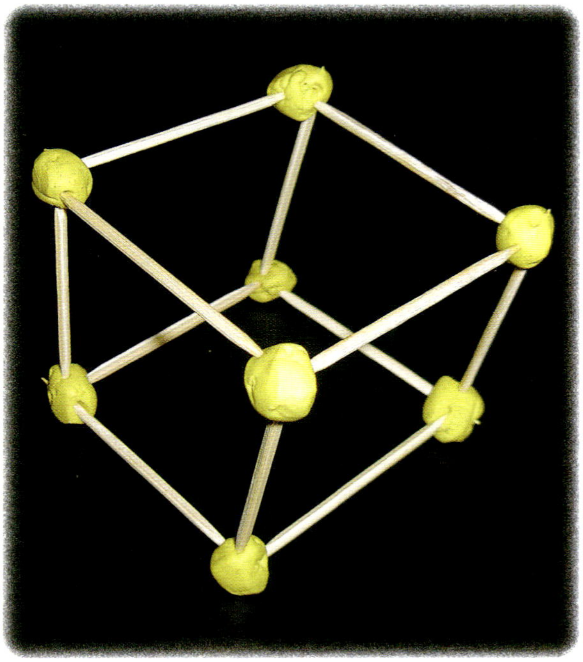

Geometrische Körper ...

... frei nach den Erbsenarbeiten von Fröbel (Seite 109 ff.)

Geometrie ist die Lehre von Formen und Körpern. Im Kindergarten können die Kinder auf der Suche nach Formen und Körpern erste mathematische Grunderfahrungen sammeln. In der Grundschule können LehrerInnen und SchülerInnen die Erfahrung machen, dass Geometrie kein trockener Lehr- und Lernstoff ist. Spielerische, bewegte Übungen und Experimente vermitteln ein lebhaftes Bild von Formen und Körpern.

Das Wort »Geometrie« stammt vom altgriechischen »Geometria« ab und bedeutet so viel wie »Landmessung«. Diese Wortherkunft beschreibt, worum es geht: u. a. um die Größe der verschiedenen Formen, um die Längen ihrer Kanten und das Verhältnis zueinander.

Geometrie hat viel mit der Umwelt der Kinder zu tun. Die Kinder lernen Formen und Körper kennen, mit denen sie tagtäglich in Kontakt kommen. Wenn Kinder sich mit Geometrie beschäftigen, lernen sie sich im Raum zu orientieren. Sie setzen Gegenstände ein und vergleichen sie mit der Höhe, Breite und Länge des Raumes.

Beim spielerischen Entdecken von Formen und dem Umgang mit ihnen können nachfolgende Spiele und Übungen unterstützen.

Spiele zu geometrischen Formen, Flächen, Körpern

Geometrische Formen aus Sand und Erde

Aus feuchtem Sand oder feuchter Erde lassen sich die schönsten geometrischen Formen und Körper bilden.

Alter: ab 3 Jahren
Material: Sand oder Erde, verschiedene Gefäße (z. B. Plastikschalen), Schaufeln, Eimer und Gießkanne, Wasser

Die Kinder modellieren die Formen aus Sand oder Erde mit ihren Händen oder sie füllen den Sand bzw. die Erde in eckige oder runde Gefäße und stülpen die Behälter dann um. Zurück bleibt ein geometrischer Körper.
Ist der Sand oder die Erde zu trocken, holen die Kinder mit Gießkannen und Eimern Wasser und feuchten den Sand oder die Erde damit an. Dies ist vor allem bei Sandkastensand nötig, da dieser sehr fein ist und über wenig »backige« Bestandteile verfügt. Anders ist es bei Sand von Stränden oder bei dunklem Sand.
Eine große Herausforderung sind große Körper aus Sand. In der Bauphase muss der Sand immer wieder mit Wasser bestäubt werden, damit der Körper stabil bleibt. Besonders aus lehmhaltiger Erde können die Kinder Kugeln formen und diese zu Bauwerken stapeln.

Fotosafari

Kinder lernen vor allem dann, wenn der Lerninhalt einen Bezug zu ihrer direkten Lebensumwelt hat. Nicht anders ist es auch in der Geometrie: Eine Fotosafari, z. B. zum Thema Kreis, schärft die Wahrnehmung zu geometrischen Formen im Alltag.

Alter: ab 3 Jahren
Material: mehrere Fotoapparate, PC

Blechdeckel

Rad

Fußball

Gemeinsam mit den Erwachsenen machen sich die Kinder auf die Suche nach Kreisen in ihrer unmittelbaren Umgebung. Diese werden fotografiert. Zurück im Kindergarten oder der Schule können die Bilder am PC betrachtet werden. Die schönsten werden ausgedruckt und ausgestellt.

Hinweis: Wenn eine Fotosafari geplant ist, sollte die Gruppe von ausreichend Erwachsenen begleitet werden (siehe dazu »Architektur-Exkursion« auf der Seite 17). Ideal als Gruppengröße sind sechs bis zwölf Kinder. Gut ist es, wenn mehrere Fotoapparate vorhanden sind.

Formenpuzzle

Quadrate, Kreise, Rechtecke und Trapeze: Wie passen die zusammen? Das nachfolgende Spiel hilft beim Erkunden der verschiedenen Formen. Spielerisch setzen sich die Kinder mit verschiedenen geometrischen Formen auseinander.

Alter: ab 6 Jahren
Material: für jeweils vier Kinder 1 Dehntuch oder 1 langes Tau (ca. 5 m), Musik-CD, CD-Player

Die Spielleitung händigt jeder Vierergruppe 1 Dehntuch oder 1 Tau aus. Sollten Taue benutzt werden, werden die beiden Enden eines Taues vorab zusammengebunden. Die Kinder stellen sich zu viert in ihr Dehntuch oder Tau und spannen es an. Die Spielleitung macht etwas Musik an, zu der sich die Kinder nun mit ihrem Tuch oder Tau durch den Raum bewegen. Das Tau oder Tuch bleibt dabei immer gespannt. Nach einer Weile schaltet die Spielleitung die Musik wieder aus und ruft eine Form in den Raum, z. B. »*Quadrat*«. Nun bilden alle Vierergruppen mit ihrem Tuch oder Tau ein Quadrat. Hierbei bleiben die Kinder innerhalb des Tuches oder Taus und halten es gespannt. Auf ein Klopfzeichen der Spielleitung hin gehen die Quadrate alle aufeinander zu und verbinden sich, sodass eine große Fläche aus lauter Quadraten entsteht. Wenn die Musik wieder angeht, bewegen sich die Gruppen wieder durch die Halle, bis die Musik das nächste Mal ausgeht und die Spielleitung eine neue Form ausruft.

Flächen und Formen hautnah erleben

Alter: ab 6 Jahren
Material: Lkw-Schlauch, Turnmatten; evtl. Teppich

Kinder können am eigenen Leib erfahren, wie sich Kugeln oder Kreise verhalten. Dazu eignen sich verschiedene Materialien und Geräte (siehe Materialangaben).

Ein Kind setzt sich in einen Lkw-Schlauch. Dabei drückt es den Rücken fest gegen den Schlauch, die Füße stehen fest und die Hände drücken ebenfalls gegen den Schlauch. Dadurch entsteht eine Körperspannung, die wichtig ist, damit das Kind beim Rollen nicht aus dem Schlauch fällt. Ein anderes Kind rollt den Schlauch mit dem Kind vorsichtig vorwärts. Zwei Kinder halten den Schlauch in der Balance. Der Untergrund sollte weich sein. Draußen

geht es gut auf einer Wiese und drinnen wird der Boden mit Matten ausgelegt.
Hinweis: Entsprechend vereinfacht sind die Spiele auch für jüngere Kinder geeignet.

Variante »Teppichrolle«

Der Boden wird mit Turnmatten gepolstert. Von zwei Kindern wird ein weiteres in einen Teppich eingerollt. Dabei zeigen die Arme lang nach oben. Sowohl die Arme als auch der Kopf schauen aus dem Teppich hervor. Ist das Kind eingerollt, packen zwei Kinder den Teppich am Ende an und ziehen kräftig daran. Dadurch wird das Kind wieder aus dem Teppich ausgerollt. Wichtig: Immer darauf achten, dass der Teppich auf den Matten bleibt. So ist der Kopf geschützt.

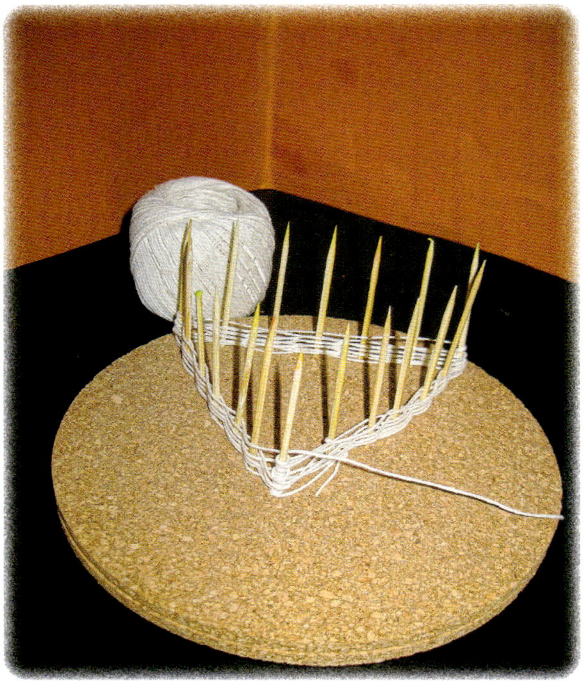

Dreidimensionales Geometriebrett

Das Geometriebrett

Alter: ab 4 Jahren
Material: Korkplatte, Pinnnadeln, Gummibänder oder Bindfaden, ggf. Murmeln

Die Kinder stecken mithilfe von Pinnnadeln Muster auf eine Korkplatte und können so auf einfache Weise selbst ein Geometriebrett herstellen, auf dem sie unterschiedliche geometrische Formen darstellen können. Dazu spannen sie Gummibän-

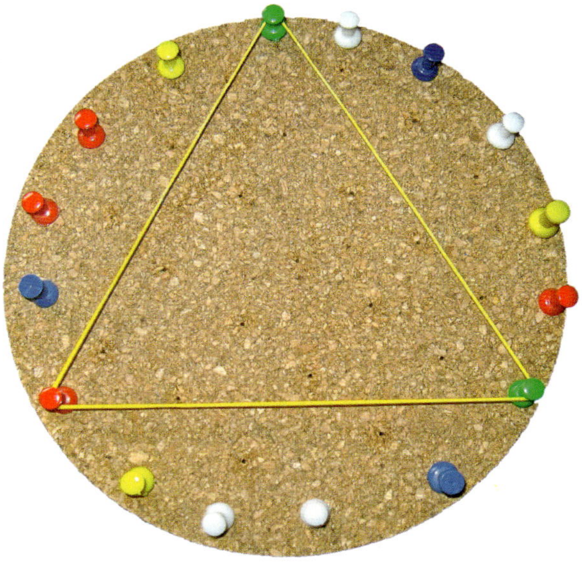

Geometriebrett

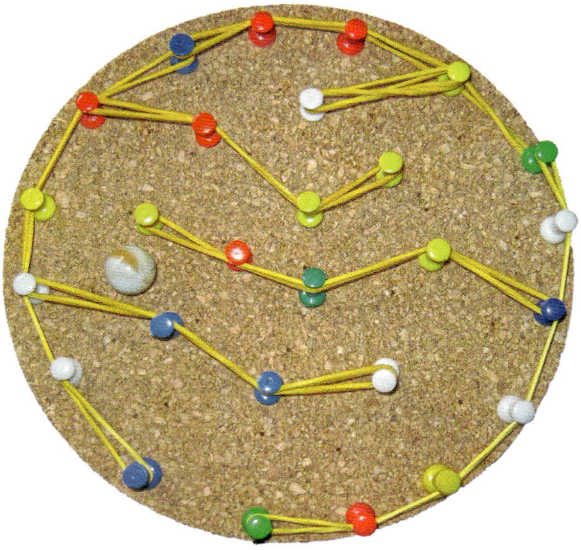

Murmelbahn

der oder Bindfäden um die Pinnnadeln. Auf diese Art und Weise können z. B. auch Labyrinthe entstehen, die auch als Murmelbahn genutzt werden können.

Variante »Dreidimensional«

Diese Variante erinnert ein wenig an Peddigrohrarbeiten. Die Kinder stecken aus Zahnstochern eine geometrische Fläche in die Korkplatte. Mit dickem Faden geben sie dieser Fläche einen Körper. Dabei wird der Bindfaden zwischen den Stäben in die Höhe gewebt.

Geometrie-Hinke-Pinke

Die Grundidee des Geometriebrettes kann auch auf das Spiel Hüpfkästchen in der Turnhalle, auf dem Spielplatz oder dem Bürgersteig übertragen werden.

Alter: ab 7 Jahren
Material: Kreide, Klebestreifen, Steine

Die Kinder zeichnen mit Kreide das Grundmuster eines Kreises auf den Boden und teilen ihn mithilfe der Klebestreifen in Sektionen ein. Nun einigt die Gruppe sich, ob sie ein Quadrat, Dreieck, Rechteck oder Kreis erhüpfen will. Für die entsprechende Form werden Kreuze aus Klebestreifen geklebt, damit alle wissen, wo es langgeht.
Es geht los. Die Spieler einigen sich über das Startfeld. Das erste Kind stellt sich hin und wirft in den nächsten Kasten seinen »Stein«. Es hüpft hinterher und wieder zurück. Bei jedem Durchgang muss der »Stein« ein Kästchen weitergeworfen werden. Der Spieler hüpft abwechselnd auf einem und auf zwei Beinen. Bei zwei Beinen landen die Füße jeweils links und rechts vom Kästchen.
Landet der »Stein« nicht im richtigen Kästchen oder beim Hüpfen wird auf die eingezeichneten Linien getreten, muss das Kind es im nächsten Durchgang noch einmal versuchen. Ist alles gelungen, geht es ein Kästchen weiter.
Hinweis: Spannend wird es, wenn zu den jeweiligen Flächen auch entsprechende Körper als Wurfstein benutzt werden, wie z. B.:

- Kreis – Kugel oder Ball
- Quadrat – Würfel
- Rechteck – eine entsprechende Schachtel (z. B. von einer Zahnpasta)
- Dreieck – eine Pyramide

Die Kinder können Beobachtungen anstellen, wie sich die verschiedenen Körper verhalten, wenn sie geworfen werden.

Verrücktes Reifenlabyrinth

Wenn Kinder sich mit Architektur und Geometrie befassen und Bauen und Konstruieren, wird das räumliche Denken im höchsten Maße geschult. Im Folgenden wird ein Spiel vorgestellt, dass diesem Aspekt ein besonderes Augenmerk verleiht.

Alter: ab 8 Jahren
Material: laminierte Karten (in Postkartengröße), Hula-Hoop-Reifen, Zollstöcke

Die Spielleitung erstellt aus den nachfolgenden Fotos (Seite 24) Karten. Dazu wird jedes Bild 5-mal ausgedruckt, ausgeschnitten und laminiert.

Gemeinsam mit den Kindern legt sie 12 oder 16 Reifen als Spielfeld auf dem Boden aus. In die Reifen werden mit Zollstöcken willkürlich die auf den Bildern abgebildeten »Figuren« gelegt. Start und Ziel des Spielfelds werden gemeinsam ausgewählt und mit einem Kreuz gekennzeichnet.

Abb. 1: Spielkarte 1

Abb. 2: Spielkarte 2

Abb. 3: Spielkarte 3

Abb. 4: Spielkarte 4

Abb. 5: Spielkarte 5

Abb. 6: Spielkarte 6

Das vorbereitete Spielfeld

Ziel des Spiels ist es, einen Weg durch das Labyrinth zu suchen. Die Zollstöcke geben den Weg vor. Die Spielleitung mischt die Karten und legt sie verdeckt hin. Ein Kind zieht die oberste Karte, formt mit einem zusätzlichen Zollstock dieses Muster und ersetzt den Zollstock aus dem Startring hiermit.

Die ersten Spielzüge

Beispiel für die ersten drei Spielzüge:

Ein Kind zieht die Figur auf Abb. 3. Es nimmt den Zollstock im Startring heraus und legt seine soeben gezogene und geformte Figur hinein. Das nächste Kind zieht eine Karte mit der Abb. 1 und legt einen entsprechend geformten Zollstock in den nächsten Ring. Das dritte Kind zieht die Karte mit der Abb. 6. Es kann seinen Zollstock bereits so legen, dass der Weg durch das Labyrinth in den dritten Ring führt. So geht es immer weiter, bis die Gruppe das Ziel erreicht hat.

Bauen und Konstruieren mit verschiedenen Materialien

Ein Bauwerk aus einem Karton und Papprollen (Anleitung siehe Seite 81)

Traditionelle Konstruktionsspielzeuge wie Lego oder Bauklötze werden den Kindern bekannt sein. Doch was lässt sich aus Magneten, Dosen, Zollstöcken, Eierkartons und anderem Alltagsmaterial bauen und konstruieren? Bevor es in konkrete Bauüberlegungen geht, kann die Gruppe sich gemeinsam verschiedene Materialien anschauen und überlegen, wozu sie geeignet sind. Gespräche über deren Besonderheiten tragen dazu bei, das Material zu verstehen und einzusetzen.

Magnetkonstruktionen mit Dosen und Deckeln

Magnetkonstruktion aus Deckeln und Magneten

Eintauchen in die Welt der Magnete. Faszinierende Experimente erleben. Konstruktionen aus Dosen, Deckeln und Magneten bestechen mit ihrer Einfachheit. Hier können Kinder ihre ganze Fantasie und Kreativität ausleben.

Welche Magnete und Dosen eignen sich besonders gut?

Für das Konstruieren und Bauen mit Magneten eignen sich am besten Magnete aus sogenannten Konstruktionsspielen. Am besten sind die Magnete von Geomag. Diese Magnete benötigen die Kinder, damit einzelne Bauteile zusammengefügt werden können. Andere Magnete, wie z. B. die von einer Pinn- oder Moderationswand, eignen sich hingegen sehr gut als Deko.

Für Magnetkonstruktionen mit Dosen können eigentlich alle möglichen unterschiedlichen Dosen, die im Alltag gebraucht werden, verwendet werden. Je unterschiedlicher die Formen und Größen der Dosen sind, je interessanter wird die Konstruktionsphase.

Bei Konservendosen ist darauf zu achten, dass sie keine scharfen Kanten haben. Am besten geeignet sind Dosen, die einen Klappverschluss haben. Diese lassen sich sauber trennen. Dosen die mit einem Dosenöffner geöffnet werden, haben scharfe Kanten, an denen sich die Kinder schneiden können.
Deckel findet man z. B. auf Marmeladen oder Obst- und Gemüsegläsern. Auch Kronkorken, Büroklammern und Fingerhüte eignen sich zum Konstruieren mit Magneten.
Eindimensionale Konstruktionen lassen sich auf einem Backblech mit Magneten fixieren.

Konstruieren und Experimentieren mit Magneten

Magnete-Test

Ein Magnet hat zwei Pole. Einen Südpol oder Plus-Pol und einen Nordpol oder Minus-Pol. Magnete können sich gegenseitig abstoßen oder anziehen. Mit Kindern zu diesen Eigenschaften zu experimentieren, macht nicht nur Spaß, sondern ist gleichzeitig auch noch lehrreich. Die nachfolgenden Experimente eignen sich besonders gut zum Einstieg in das Bauen und Konstruieren mit Magneten, Dosen und Deckeln.

Alter: ab 3 Jahren
Material: Magnetpinnwand, Magnete, Kronkorken

Eines der ersten vorbereitenden Experimente, die mit Kindern durchgeführt werden können, behandelt die Anziehungskraft der Magnete. So stoßen sich zwei gleiche Pole immer ab. Selbst mit großem Kraftaufwand gelingt es selten, zwei gleiche Pole zusammenzuführen. Unterschiedliche Pole ziehen sich hingegen immer an. Die Spielleitung erkundet mit den Kindern anhand verschiedener Materialien und Gegenstände Eigenschaften eines Magneten:

- Plus- und Minus-Pol
- Was wird von Magneten angezogen? An welchen Materialien oder Gegenständen bleiben sie hängen?

- Was wird von Magneten nicht angezogen?
- Nichtmagnetische Gegenstände können mit Magneten fixiert werden.
- Magnetpinnwände eignen sich dazu zu erkunden, wie stark ein Magnet ist.

Figuren und Gegenstände

Alter: ab 3 Jahren
Material: Magnete, Kronkorken, Dosen, Deckel, Nägel, Pinnnadeln, Fingerhüte, Brett, Pinnwand

Die Spielleitung legt auf einem großen Tisch verschiedene Materialien (siehe Materialliste) aus und fordert die Kinder auf, daraus Figuren, Fortbewegungsmittel oder Gebäude zu bauen. Damit die Kinder eine bessere Vorstellung von dem haben, was sie bauen sollen, kann die Spielleitung kurz mit allen darüber sprechen, wie Figuren, Fortbewegungsmittel oder Gebäude typischerweise aussehen, z. B.:

- Figuren haben oft ein Gesicht, Gliedmaßen, mit denen sie sich fortbewegen können,
- Fortbewegungsmittel haben in der Regel Räder,
- Gebäude haben ein starkes Fundament, Fenster, Türen und ein Dach.

Zum Befestigen der verschiedenen Materialien verwenden die Kinder die verschiedenen Magnete. Die Kinder können dabei ihrer Fantasie freien Lauf lassen. Fehlt es einzelnen Kindern an Ideen, kann die Spielleitung konkrete Anregungen geben, z. B. Kronkorken als Augen für eine Dosenfigur.
Sind alle Kinder fertig, werden die kleinen Kunstwerke zu einer Ausstellung zusammengestellt, sodass alle Kinder ihre Arbeiten gegenseitig bewundern können. Vielleicht will das eine oder andere Kind auch noch etwas zu seinem Gebilde oder dem Gebilde eines anderen Kindes sagen?! Eine lebhafte Diskussion entsteht.

Beispiele:

- **Menschen und Mutanten**

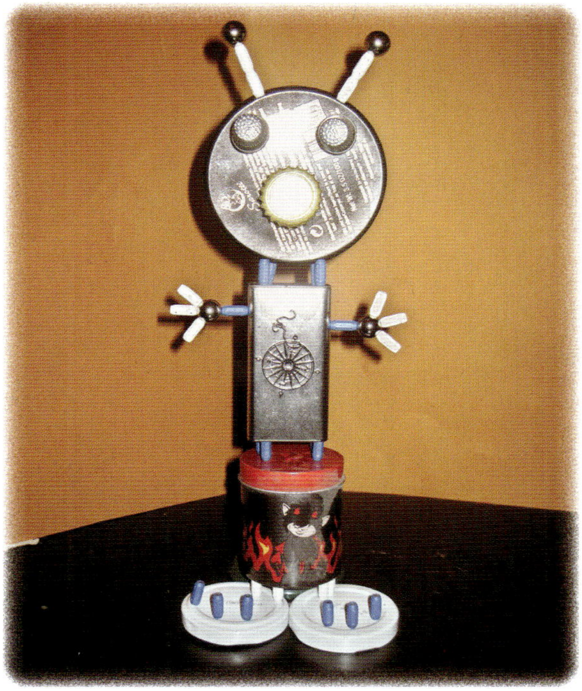

Zum Bauen dieser Figuren wurden Magnete, Dosen, Kronkorken und Deckel verwendet. Geomag-Magnete gibt es in zwei verschiedenen Längen. Die längeren Magnete wurden für die Fingerhüte eingesetzt.

◆ Micky Maus (Deckelbilder)

In der Regel wollen Kinder ihre Konstruktionen länger erhalten. Damit dieses bei den Deckelbildern möglich ist, piekst die Spielleitung in die Deckel jeweils ein Loch. Mit einem Nagel oder einer Pinnadel können die Deckel dann an einem Brett oder einer Pinnwand fixiert werden. So bauen die Kinder nicht auf dem Tisch, sondern in der Senkrechten an ihrem Brett oder an der Pinnwand.

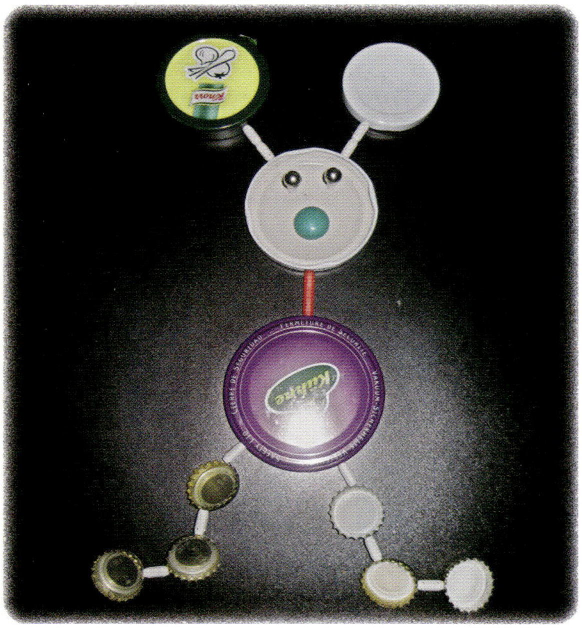

Diese Figur liegt auf einem Tisch.

◆ Ein Kamel

Von Fenja (8 Jahre): Das schwierige an dem Kamel war der Kopf. Darum liegt dieser etwas auf der unteren Dose auf.

◆ Fortbewegungsmittel

Zuvor schauen sich die Kinder die Merkmale unterschiedlicher Fortbewegungsmittel an. Diese mit Dosen, Deckeln und Magneten nachzubauen, ist recht einfach. Daher auch für jüngere Kinder geeignet. Bei kleineren Kindern muss darauf geachtet werden, dass diese die kleinen Magnete nicht in den Mund nehmen!

Damit die Räder am Traktor halten, müssen die Deckel mit wenigstens drei Magneten befestigt werden.

◆ **Turmkonstruktion**

Beispiel: Ein Turm aus Deckeln und Magneten, den bereits Dreijährige bauen können

Skulpturen und Muster legen

Für das Legen schöner Muster und Symbole eignen sich Geldstücke wie 1-Cent, 2-Cent oder 5-Cent-Stücke, die aufgrund ihrer Eisenhaltigkeit magnetisch sind. Für Skulpturen können auch Kronkorken von den Kindern verwendet werden.

Alter: ab 3 Jahren
Material: 1-, 2- und 5-Cent-Stücke, Magnete, Kronkorken, Deckel, Dosen

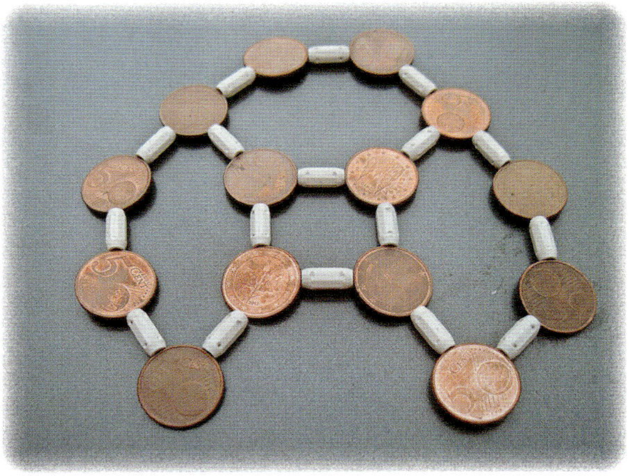

Solche Muster können schon jüngere Kinder legen. Alternativ können Kronkorken verwendet werden.

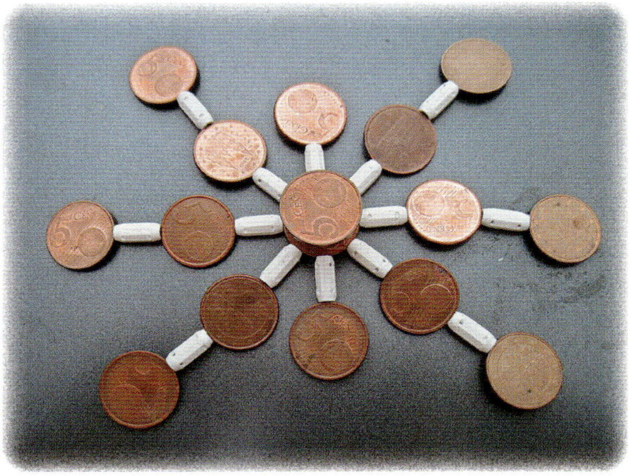

Das Tolle an diesem und den nächsten zwei Bauwerken: Sie lassen sich wie Kreisel drehen.

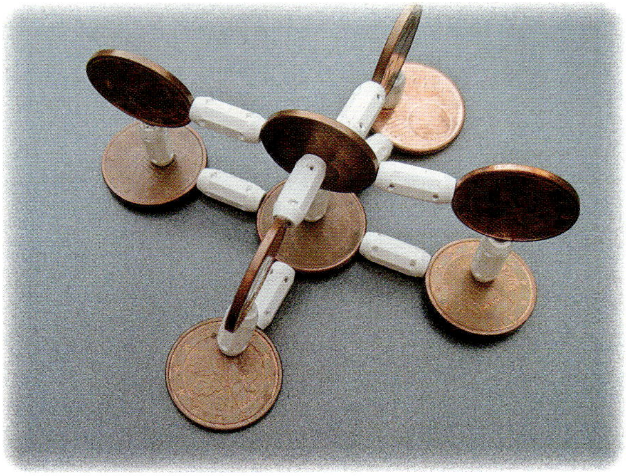

Als Grundlage dieses Bauwerkes dient eine große Dose.

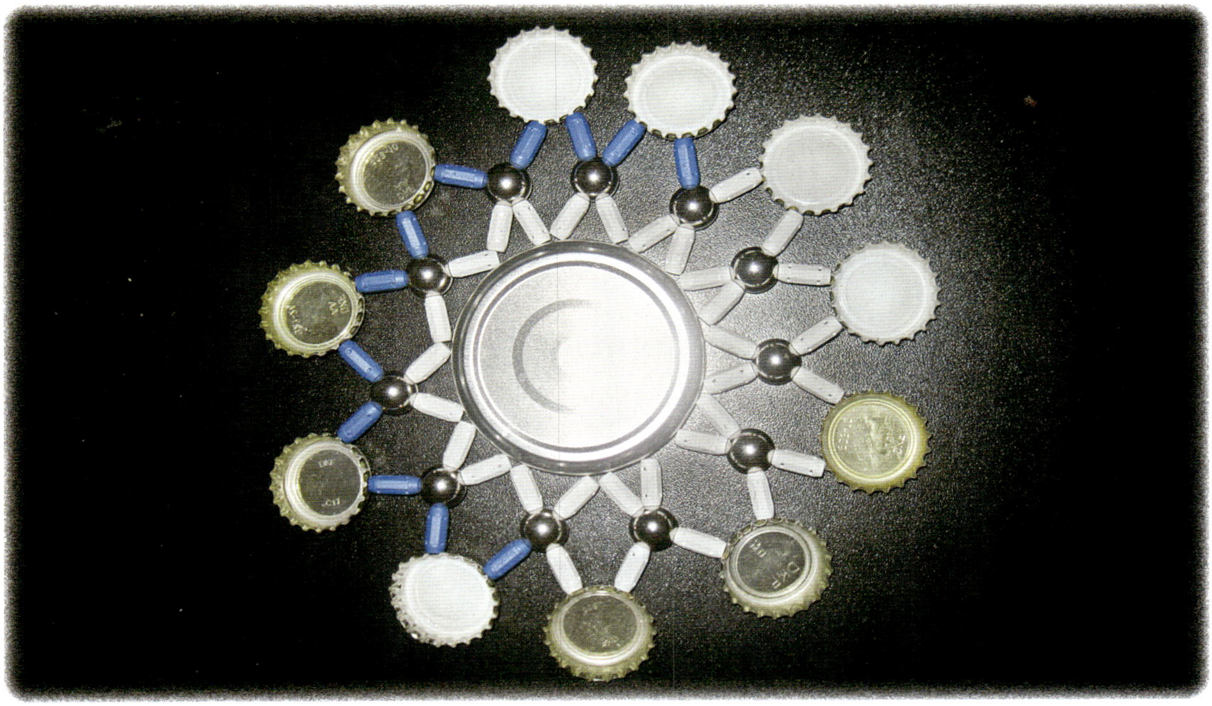

Aus Kronkorken und einem Deckel ist ein Stern entstanden.

Murmelbahnen und -geschichten

Murmel-1-Rennen (Murmelgeschichte)

Als Einstieg ins Bauen und Konstruieren von Murmelbahnen eignet sich die folgende Geschichte. Das Murmelauto aus Eisstielen, Murmeln und Knete kann leicht gebaut werden und unterstreicht die Geschichte.

Alter: ab 5 Jahren
Material: Eisstiele, Murmeln, Knete

Die Spielleitung trägt die Geschichte »Murmel-1-Rennen« vor:

Murmel-1-Rennen – Ein Tag im Leben einer Murmel

Hallo, ich bin Miss Marbel. Ich bin eine Murmel und möchte euch ein wenig aus meinem Leben erzählen.

Heute ist ein ganz besonderer Tag. Das große Rennen steht an. Die Formel 1 der Murmeln. Alle meine Verwandten rollen heute heran, um an diesem Spektakel teilzunehmen. Doch davon erzähle ich euch später mehr.
Ich wohne bei einem 8-jährigen Mädchen. Sie hat mir den wunderschönsten Stoffbeutel genäht, den es gibt. Wunderschöne Farben, weicher Stoff und außen mit Glitzersteinen verziert. Ich teile mir den Beutel mit

Bei dieser Auto-Konstruktion dienen zwei Eisstiele als Fundament. Die Murmeln wurden mit kleinen Knetekügelchen „aneinandergeklebt".

zwei Steinen und einer Dose. In der Dose lebt ein Milchzahn. Ein besonders schönes Exemplar. Das Mädchen passt besonders gut auf mich auf und schaut immer mal wieder nach uns.
Manchmal nimmt sie mich in die Hand und lässt mich über ihre Finger rollen. Am meisten Spaß macht es, von den Fingerspitzen in die Handfläche zu rollen. Dort ist es besonders warm und ich fühle mich wohl dort. Wenn das Mädchen nicht aufpasst, falle ich manchmal aus der Hand und rolle unter das Bett. Dort ist es sehr dunkel. Meistens brauche ich nicht lange warten, bis ich wieder hervorgeholt werde.

Oft lädt das Mädchen Freunde und Verwandte von mir ein.
Dann geht es in die Sandkiste. Meistens sind Freundinnen von dem Mädchen dabei. Und alle bringen Murmeln mit. Was für eine Gaudi. Die Kinder machen dann eine Mulde in den Sand und versuchen uns Murmeln hineinzurollen. Wir Murmeln lieben das Geräusch, das dabei entsteht: »Klicker Klacker, Klicker, Klacker!« Oft streiten wir uns, wessen »Klickern und Klackern« am schönsten klingt. Meistens einigen wir uns darauf, dass alle schön klingen. Nur manchmal eben anders. Das hängt ein bisschen davon ab, aus welcher Familie wir kommen: Familie Glas, Familie Ton, Familie Holz, Familie Kunststoff. Alle haben ihren eigenen Klang.
Ich heiße ja Miss Marble. Und ich kann euch sagen, dass meine Freunde und Verwandten wunderbare Namen haben. Alle leben weit verstreut. Darum nutzen alle das »Murmel-Formel-1-Rennen«, um sich zu treffen. Miss Knicker kommt aus Bochum, Miss Bille aus Paris, Miss Marmel aus Kiel, Miss Schusser aus Bayern, Miss Kuller aus Berlin und Opa Klang kommt aus Hamburg.
Opa Klang bringt zu unserem Treffen immer wunderbare Spiele mit. Die machen immer viel Spaß. Oft hat er ein Lied oder ein Gedicht dabei. Dieses Jahr wartete ich aufgeregt bei dem kleinen Mädchen im Beutel. Manchmal habe ich vor Aufregung versucht hin und her zu rollen. Doch da beschweren sich immer die anderen im Beutel. Und auf einmal war es soweit. Ich hörte ein wunderbares leises Klingen, dazu ein tiefes Brummeln. Das muss Opa Klang sein. Ich hörte das Mädchen zur Freundin sagen: »Hast du Opa Klang dabei? Miss Marble freut sich schon auf ihn!« »Klar!« Die Freundin nahm Opa Klang und gab ihn an das Mädchen weiter, die ihn in den Beutel zu Miss Marble legte. Was haben die beiden sich gefreut.
»Opa, hast du wieder ein Spiel dabei? Und ein schönes Lied?«, fragte Miss Marbel. »Nein, ein Lied nicht. Aber ein Gedicht. Dies werde ich euch zum Rennen vortragen. Bis dahin können wir Pyramide spielen!«, antwortete Opa Klang. »Bei Pyramide müssen sich vier von uns auf den Boden legen. Und eine leichte andere muss oben in die Mitte«, erklärte Opa Klang. »Ich habe kleine Zettel mit. Da steht das Spiel drauf. Da kann das Mädchen seinen Freundinnen die Regeln vorlesen.«
Mittlerweile sind einige Freundinnen von dem Mädchen eingetroffen. Als alle da sind, holt das Mädchen einen kleinen Zettel aus ihrem Beutel: »Heute spielen wir Pyramide! Dazu müsst ihr vier Murmeln auf den Boden legen, sodass sie ein Quadrat bilden. In die Mitte oben auf legt ihr eine weitere Murmel.« Eine andere Freundin fragte: »Und wie geht es weiter? Müssen wir die umwerfen?« »Ja. In einiger Entfernung stellen wir uns auf und versuchen mit einer unserer Murmeln eine Pyramide zum Einsturz zu bringen. Gelingt dieses, darf man die untersten vier Murmeln zu den seinen nehmen. Wer am Ende die meisten Murmeln hat, gewinnt das Spiel Pyramide!«
Und schon ging es los. Überall im Sand war nun das »Klicker Klacker« der Murmeln zu hören. Zwischendurch hörte man Opa Klang klingen.
Als die Freundinnen keine Lust mehr hatten, Pyramide zu spielen, sagte das Mädchen: »Ich habe heute eine Überraschung für euch und für die Murmeln.« »Oh, was denn?«, schnatterten die anderen Mädchen wild durcheinander. Und wer genau hinhörte, vernahm aus dem Beutel die Stimme von Miss Marbel,

die zu ihren Freunden und Verwandten, die inzwischen alle eingetroffen waren, flüsterte: »Das Mädchen hat dieses Jahr wunderbare Rennstrecken gebaut. Ich habe die eine oder andere schon testen dürfen. Ein Riesenspaß!« Das Mädchen sagte: »Ich habe dieses Jahr vier neue »Formel-1-Strecken« gebaut. Lasst uns mal in den Garten gehen. Da zeige ich sie euch!«

Die Freundinnen drängelten sich durch die Tür. Und gerade draußen hörte man die ersten Murmeln schon vor Vergnügen klickern und klackern, wenn sie am Ende der Rennstrecke alle in einer Auffangschale landeten. Das Mädchen und ihre Freundinnen holten alle ihre Murmeln aus dem Beutel. Feierlich lag Opa Klang in der Hand einer Freundin und begann sein Gedicht:

Immer schneller rast sie ihrem Ziel entgegen.
Bei einem Wettrennen ist sie nun zugegen.
Sie rollt durch enge Gassen aus Holz und Papier.
Im Ziel liegen schon drei. Mit ihr sind es dann vier.
Die Gassen sind mal gerade und mal ganz rund.
Um Ecken und Kurven und alles ist schön bunt.
Klickern und klackern ist ihr ganz typischer Klang.
Beim Massenrollen durch alle Gassen entlang.
Im Ziel herrscht dann Chaos, großes Durcheinander.
Rote, Gelbe, Blaue – manche leicht, manche schwer.
Alle haben sie eine andere Farbe.
Aus Glas sind sie gemacht, dass ist ihre Gabe.
Aus Holz und aus Kunststoff sind nahe Verwandte.
Als Gerät zum Kegeln jemand sie ernannte.

»Und nun soll es losgehen. Das große ›Formel-1-Rennen‹«, rief das Mädchen fröhlich. »Zuerst starten wir

Murmel-1-Rennen

bei der Berg- und Tal-Bahn aus Kleister und Zeitungspapier. Etwas erholen können wir uns in der Bahn aus halbierten Stockrosenstielen, bevor es sehr schwungvoll und wackelig in der Schachtelbahn wird. Zum Abschluss geht es auf die geruhsame Astscheibenbahn. Viel Spaß!«

(Stefan Köhler-Holle 2010, S. 6)

Murmelbahn im Inneren eines Topfes

Alter: ab 4 Jahren
Material: 1 Topf, Magnete, Murmeln; evtl. 1 Plastikschale, Knete, Eisstiele

Die Kinder können die Murmel durch die Bahn bewegen, indem sie den Topf oder die Schüssel im Kreis schwingen.

Variante

Murmelbahn aus Knete und Eisstielen:

Die Kinder fixieren mit Knetekügelchen Eisstiele im Inneren einer Plastikschale.

Die Murmeln bringen den Topf zum Klingen.

... auf einem Grilldeckel

Alter: ab 3 Jahren
Material: Grilldeckel, Kronkorken, Magnete, Murmeln

Die Magnete befestigen die Kronkorken am Deckel.

Die Murmeln erzeugen einen schönen Klang, wenn sie auf dem Grilldeckel rollen.

... aus Nägeln

Alter: ab 7 Jahren
Material: 1 Dose als Untergrund, Magnete, Nägel, Murmel

Die Murmel rollt auf den Nägeln, die Magnete dienen als Pfeiler.

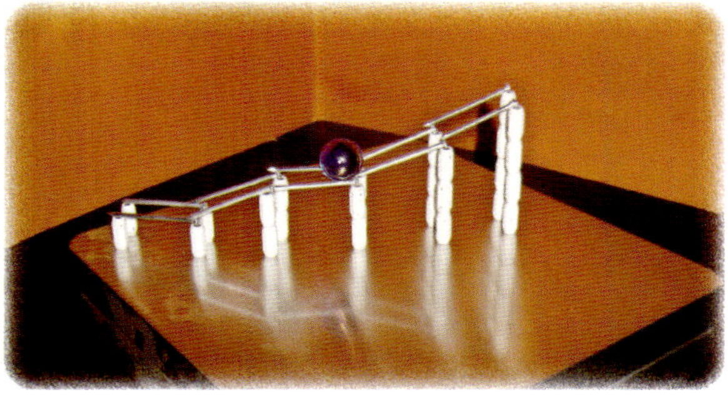

Je höher diese Bahn gebaut wird, je instabiler wird sie.

... als Nagelspirale

Alter: ab 6 Jahren
Material: 1 hohe runde Dose, Nägel, Magnete, Murmeln

Diese Murmelbahn ist kniffelig zu bauen. Der Aufwand und die Geduld lohnen sich, da die Murmeln beim Rollen Töne erzeugen. Im Versuch haben sich Glas und Keramikmurmeln hin und wieder als zu schwer herausgestellt. Styroporkugeln sind in recht steilen Bahnen herausgefallen. Als ideal haben sich Holzmurmeln oder Perlen erwiesen. Spannend ist es für die Kinder, wenn sie verschiedene Murmeln und Kugeln ausprobieren können.

Die Nägel werden mit Magneten spiralförmig um die Dose herum angeordnet.

Verschiedene Murmelbahnkonstruktionen: Magnete halten die Materialien an ihrem Platz.

… auf einem Backblech

Alter: ab 3 Jahren
Material: Backblech, Magnete, Nägel, Kronkorken, Deckel, Messer, Löffel, Gabeln, Murmeln

Auf einem Backblech gibt es verschiedene Möglichkeiten, eine Murmelbahn zu bauen. Die Kinder gestalten eine Bahn aus Dosen, Deckeln, Kronkorken, Nägeln oder Messer, Löffeln und Gabeln. Je nach Alter der Kinder kann so eine Bahn komplexer gestaltet sein. Je Älter die Kinder, je mehr Material kann zur Verfügung gestellt werden.

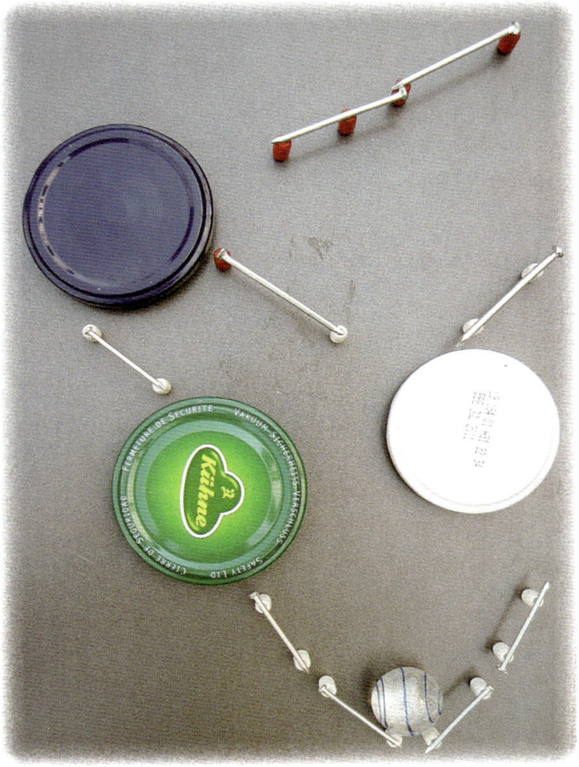

Spiele, die mit dem Material vertraut machen

Carrom mit Schwungtuch: Alle helfen mit beim Deckelversenken.

Schraubdeckel-Carrom

Ein Spiele-Klassiker neu entdeckt, dieses Mal mit Schraubdeckeln als Spielmaterial.

Alter: ab 3 Jahren
Material: Schraubdeckel, verschieden farbige Klebepunkte, Fingerhüte oder Pflaster; evtl. 1 Schwungtuch

Vorbereitung:
An jeder Seite des Tisches sitzt ein Kind. Jedes Kind hat sechs Schraubdeckel, die von Gläsern abgeschraubt wurden. Jedes Kind bekommt zudem kleine Klebekreise in einer Farbe, mit denen es seine Deckel markiert. So können die Kinder ihre Deckel nicht verwechseln.

Start des Spieles:
Reihum darf jeder immer einen Deckel auf dem Tisch platzieren, bis alle Deckel auf dem Tisch liegen. Ziel des Spieles ist es, alle gegnerischen Deckel vom Tisch zu schnipsen. Dazu wird ein eigener Deckel angeschnipst, der den gegnerischen Deckel anspielt, verschiebt oder vom Tisch kickt. Damit das Schnipsen nicht so weh tut, setzen die Kinder einen Fingerhut auf oder kleben ein Pflaster auf die Fingerkuppe.
Schafft ein Spieler es, mit einem Schnipser einen Deckel des Gegners vom Tisch zu schnipsen, ist er noch einmal dran. Fällt keiner herunter, ist der nächste Spieler an der Reihe. Ebenso ist der Nächste an der Reihe, wenn ein Spieler einen eigenen Deckel vom Tisch schnipst. Der Deckel wird nicht wieder auf den Tisch gelegt.

Variante »Carrom mit Schwungtuch«

Die Kinder versenken die Deckel durch Schieben in das Loch, das sich in der Mitte des Schwungtuches befindet. Viel Spaß macht es auch, durch das Wellenschlagen die Deckel vom Tuch hüpfen zu lassen.

Drachenflugstunde

Alter: ab 5 Jahren
Material: Papier, Schere, Klebestreifen, Büroklammern, Bindfaden, Magnete

Die Kinder schneiden einen Drachenflieger aus Papier aus. An die Spitze kleben sie eine Büroklammer und ans Ende einen Nähgarnfaden. Das andere Ende vom Faden kleben sie auf den Tisch. Um den Drachen fliegen zu lassen, halten die Kinder den Magnet an die Spitze des Drachen und ziehen den Magnet vorsichtig weg. Es gibt einen Punkt, da fängt der Drache an zu flattern. Kurz danach schwebt der Drache in der Luft.

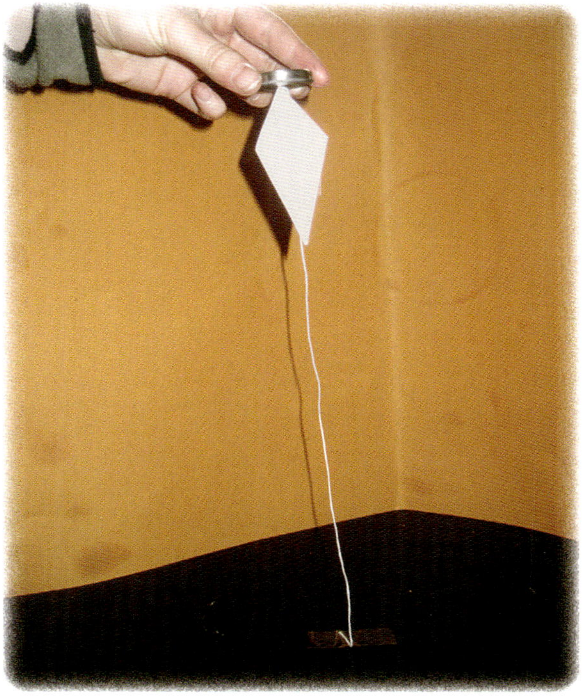

Drachenflugstunde am Tisch

Spielaufbau »Dosenwerfen«

Dosenwerfen

Alter: ab 5 Jahren
Material: Pappteller, doppelseitiges Klebeband, Schere, Dose, Kronkorken (alternativ auch Nüsse oder Smarties)

Alle Kinder befestigen auf einem Pappteller mit doppelseitigem Klebeband eine Dose. Vor die Dose legen sie einen Kronkorken (gerne werden auch Nüsse oder Smarties genommen). Nun wird der Teller so ruckartig (nach oben) bewegt, dass der Kronkorken in der Dose landet. Nüsse oder Smarties dürfen natürlich nach Spielende »aufgefuttert« werden, wenn sie in der Dose gelandet sind!

Variante

Die Kinder legen 5 Kronkorken auf jeweils einen Pappteller. Durch geschicktes Bewegen der Unterlage sollen sich die Kronkorken einmal umdrehen. Das Kind, dessen Kronkorken als Erstes auf der anderen Seite liegt, hat gewonnen.

Papier, Pappe, Plastik

Ein großer Spaß für Kinder ist z. B. ein Papierflieger-Wettsegeln. Aus Papier und Pappe können die Kinder jedoch viel mehr herstellen als nur Papierflieger: Murmelbahnen, winzige Blumen, hohe Türme und Kartenhäuser.
Karton und Papier unterscheiden sich lediglich in den Materialeigenschaften. Karton ist um einiges fester und stabiler als Papier, sodass man hieraus vor allem solche Konstruktionen fertigen kann, die mehr Kräfte aushalten müssen.

Ein besonderes und dazu noch einfach zu besorgendes Baumaterial, das ebenfalls aus Pappe besteht, sind Karteikarten. Aneinander gelehnt erinnern sie an Pyramiden aus Spielkarten. Einen ganz neuen Anreiz bekommt das Konstruieren und Bauen damit, wenn die Karten einmal in der Mitte geknickt werden. So lassen sich die unterschiedlichsten Türme und Pyramiden damit bauen. Aber auch Figuren und Labyrinthe.
Da Karteikartenbauwerke gegenüber Luftbewegungen und Erschütterungen sehr empfindlich reagieren, ist es hierbei ratsam, Turmbautraditionen einzuhalten: also nach oben hin spitz zulaufend zu bauen. Bei empfindlichen Bauwerken, wo jeder Bauabschnitt genauso wie der untere ist, müssen die Kinder sehr lotgenau arbeiten. Das macht es immer sehr spannend. Turmbau wird da zu einer meditativen und ruhefindenden Beschäftigung.

Plastik ist im Gegensatz zu Papier kein natürliches Material. Jedoch erinnern einige der vorgestellten Konstruktionen aus Plastik an die Papiermodelle. Oder sie besitzen ähnliche Verhaltensweisen.

Eine Windmühle aus Papier

Konstruktionen aus Papier und Pappe

Zeitungspalme

Alter: ab 6 Jahren
Material: Zeitungspapier, Schere

Die Kinder können einige Kniffe anwenden, damit die Palme länger oder stabiler wird:

- Je mehr Zeitungsseiten sie einrollen, je länger können sie ihre Palme ziehen.
- Die Zeitungsseiten immer ca. 10 cm in die zuvor gerollte Zeitungsseite einlegen.
- Je weiter die Zeitungsrolle eingerissen wird, je länger wird die Palme. Jedoch ist sie dann nicht mehr so stabil.
- Am Palmenstamm können Klebestreifen angebracht werden. So rollt die Palme sich nicht auf.

Die Kinder rollen drei Zeitungsseiten ineinander.

An einem Ende reißen die Kinder die Röhre über Kreuz ein. Haben die Kinder dabei Schwierigkeiten, können die Rissstellen mit einer Schere eingeschnitten werden.

Die Röhre wird mit der eingeschnittenen Seite nach oben von den Kindern in die Hand genommen und die Palmenblätter in die vier Richtungen verteilt. Die Kinder ziehen an den Palmenblättern. Dadurch wächst die Rolle in die Länge und die Palmenblätter verteilen sich.

Die fertige Palme

Papier-Brücken

Mit unterschiedlichen Brückenkonstruktionen können die Kinder einige Experimente über die Statik von Brücken anstellen. Welche Konstruktion liefert die stabilste Brücke?

Alter: ab 5 Jahren
Material: Papier (bzw. verschiedene Materialien zum Ausprobieren, wie z. B. Pappe oder Tonkarton), Holzklötze, Büroklammern, Schere, Klebstoff

Die Spielleitung legt auf einem Tisch die verschiedenen Bastelmaterialien aus. Die Kinder sollen verschiedene Brückenkonstruktionen auf ihre Stabilität hin überprüfen:

◆ Eine Brücke aus gefächertem Papier

Die Kinder falzen ein Blatt Papier im Zick Zack. Die so entstandene Brücke stellen sie auf den Tisch und experimentieren mit unterschiedlich schweren Gegenständen, wie stabil die Brücke ist.

Was passiert, wenn die Kinder die Falz kleiner oder größer, enger oder weiter machen – wird die Brücke dadurch stabiler oder instabiler?

◆ Eine Brücke aus gerolltem Papier

Die Kinder rollen mehrere Bögen Papier auf und fixieren sie jeweils am Ende mit einer Büroklammer, damit sie während der Bauphase nicht wieder aufrollen. Damit die Kinder aus den so entstandenen Rollen eine Brücke bauen können, stecken sie diese Rollen ebenfalls mit Büroklammern zusammen.

◆ Fachwerkbrücke

Die Kinder brauchen mehrere Streifen Papier. Diese werden, wie auf der Abbildung zu sehen, gefaltet. Die gefalteten Bauteile kleben die Kinder zwischen zwei waagerecht verlaufende Streben. Dabei können die Kinder mit unterschiedlichen Materialien experimentieren.

Hinweis: Die Stabilität und Belastbarkeit der Brücke wird erhöht, wenn Tonkarton oder sogar Pappe eines Kartons verwendet werden.

Steckenpferd

Alter: ab 6 Jahren
Material: Zeitungspapier, Klebeband, Besenstil

Die Kinder falten ein Doppelblatt einer Zeitung, sodass sich eine lange Bahn ergibt. In diese Bahn ziehen sie einen Überhandknoten: Die Kinder legen in die Bahn zunächst eine Schlaufe und ziehen das oben liegende Bahnende von hinten durch die Schlaufe. Zum Schluss ziehen die Kinder den Knoten an beiden Enden stramm.
Nun rollen die Kinder ein Doppelblatt einer Zeitung diagonal und schieben es durch den Knoten. Das Ende lassen sie oben als Ohren herausschauen. Das reingesteckte Doppelblatt fixieren die Kinder mit Klebeband. Den so entstandenen Pferdekopf stecken die Kinder auf einen Besenstiel.

Hopp, hopp, hopp, im Galopp!

Windmühlenkreisel

Alter: ab 4 Jahren
Material: je Kind 1 quadratisches Blatt Papier, Schere, Zahnstocher, Knete, Perlen

Die Kinder brauchen ein quadratisches Stück Papier. Sie schneiden das Blatt von den Ecken aus zu 4/5 ein – Richtung Mittelpunkt. Die Ecken mit dem Punkt legen die Kinder zur Mitte hin um und ste-

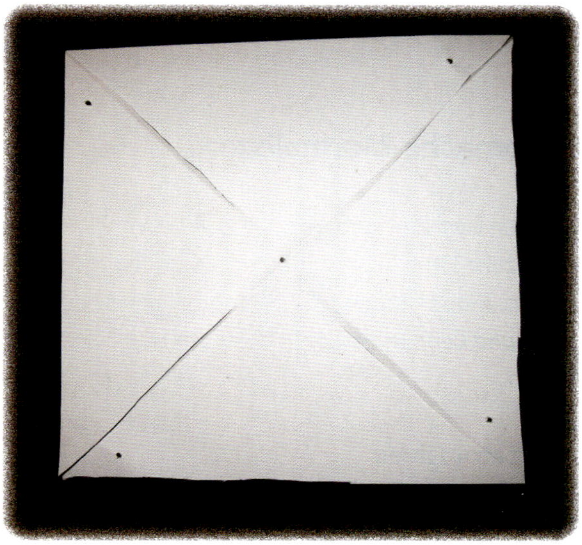

Erst schneiden, dann falten: Fertig ist die Mühle!

cken durch die vier Ecken und den Mittelpunkt einen Zahnstocher. Unmittelbar dort, wo der Zahnstocher aus dem Papier herauskommt, drücken die Kinder etwas Knete fest. Direkt ober- und unterhalb der »Mühle« stecken sie eine Perle auf den Zahnstocher und drücken diese in die Knete. Die Perlen sollten richtig eng am Zahnstocher sitzen. Die Spitze lassen die Kinder ein paar Millimeter aus der Perle rausschauen: Je dichter die »Mühle« an der Spitze, je stabiler läuft der Kreisel. Jedoch sollten die Ränder der »Mühle« auch etwas Spielraum haben, bevor sie den Tisch berühren.

Pappmaché-Murmelbahn

Kleister und Zeitungspapier eignen sich hervorragend zum Verarbeiten, um daraus Bauwerke zu erstellen. Kinder haben schnell einen Zugang zum Material und können dadurch ihrer Fantasie freien Lauf lassen.

Alter: ab 4 Jahren
Material: 1 großes Holzbrett (oder eine andere Grundlage für das Fundament), Luftballons, Maschendraht, Schachteln, Röhren, durchsichtiger Schlauch, Heißkleber, Kleister, Zeitungspapier, Seidenpapier, Klopapier, Farbe, Pinsel, Murmeln

Die Kinder gestalten ein Grundgerüst für die Murmelbahn. Dazu verwenden sie z. B. Luftballons, Maschendraht, Schachteln, Röhren oder durchsichtigen Schlauch und bringen diese in die gewünschte Form. Das sind am Ende die Bahnteile, durch die die Murmeln rollen.

Diese einzelnen Teile der Bahn werden auf eine Holz- oder Pappkarton-Unterlage mit Heißkleber angebracht. Hierbei ist vorausschauendes Denken und Raumorientierung gefragt. Zwischendurch machen die Kinder immer mal wieder einen Probemurmellauf, um zu schauen, ob die Bahn funktioniert.

Hierauf wird dann das eigentliche Bauwerk »modelliert«. Schicht für Schicht tragen die Kinder mit Kleister das Zeitungspapier auf.

Nach einer ausgiebigen Trockenzeit können die Kinder das Bauwerk weiter gestalten, indem sie z. B. Farbe aufbringen. Statt Zeitungspapier können die Kinder auch farbiges Seidenpapier oder Klopapier benutzen.

Hinweis: Einzelne/offene Elemente nicht »zukleistern«, das sind die Passagen, wo die Murmel sichtbar wird!

Murmelbahn im Enstehen

Die fertige Murmelbahn

Flugobjekte aus Papier und Plastik

Die Kinder falten ein quadratisches Blatt Papier (Kantenlänge ca. 10 cm) viermal – und zwar auf beiden Diagonalen, auf der waagerechten und senkrechten Mittellinie. Die Ecken schneiden sie ab.

Pusteblume

Wie kleine Fallschirme segeln die Samen des Löwenzahns zur Erde. Mit wenigen Griffen und Materialien können die grazilen Gebilde einfach nachgebaut werden.

Alter: ab 5 Jahren
Material: Papier (10 cm × 10 cm), 2 Perlen, Schere, Draht

Aus einem Stück Papier, Draht und zwei Perlen bauen die Kinder eine »Pusteblume«.

Die Kinder fädeln an einem dünnen Draht eine Perle auf und fixieren sie dort. Das andere Ende vom Draht ziehen sie durch den Mittelpunkt des Papieres. Oberhalb des Schirmes fixieren die Kinder den Draht mit einer Perle. Die Kinder bringen den Schirm an seinen Faltstellen noch in Form. Oberhalb des Schirmes fixieren die Kinder den Draht mit einer Perle. Die Kinder bringen den Schirm an seinen Faltstellen noch in Form.

Zeppelin

Ein »Zeppelin« dreht sich waagerecht um die eigne Achse. Er funktioniert wie ein Propeller. Durch dieses Drehen um die eigene Längsachse kann dieses Flugobjekt fliegen. Würde es sich nicht drehen, würde es taumelnd zu Boden fliegen.

Alter: ab 5 Jahren
Material: Papierstreifen, Schere

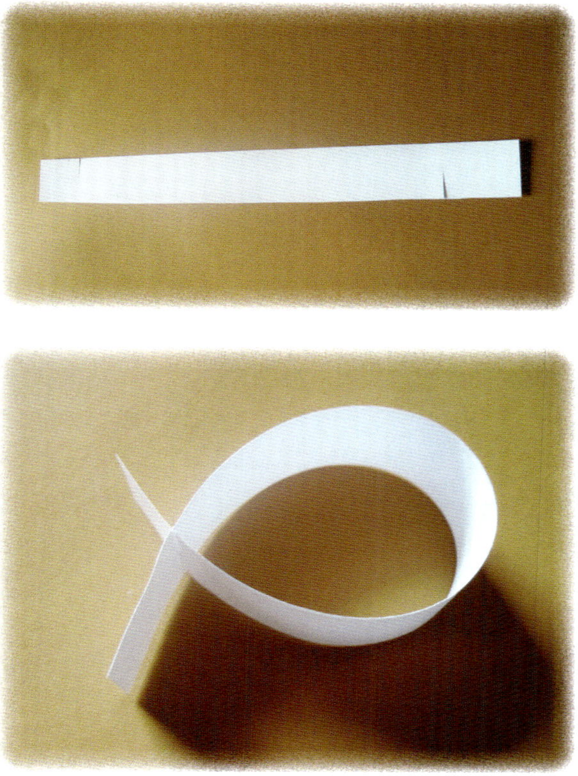

Zeppelin aus Papier

Die Kinder schneiden einen rechteckigen Papierstreifen (20 cm) aus. Und schneiden ihn an den Enden ein: an dem einen Ende an der oberen Kante, an dem anderen Ende an der unteren Kante. Die beiden Schnittstellen stecken sie zusammen. Nach Fertigstellung des »Zeppelins« halten sie ihn ganz hoch in die Luft. So hat er mehr Höhe zum Fliegen und kann seine Propellerkraft richtig entfalten.

Fliegende Schultüte

Alter: ab 5 Jahren
Material: Papier A4, Klebestreifen, Schere

Aus einem A4-Blatt drehen die Kinder eine Tüte. Diese verkleben sie und schneiden den Rand gerade ab. In den offenen Rand schneiden die Kinder kleine Streifen, die schräg abgeknickt werden. Alle in dieselbe Richtung.
Die Tüte fliegt sehr weit und dreht sich wegen der geknickten Streifen um ihre Längsachse.

Fliegende Schultüte

Flugzeug

Einen Papierflieger zu bauen, im ersten Moment ganz einfach. Dennoch stellt es eine große Herausforderung für das Kind dar und fördert seine Experimentierfreude, um einen Flieger zu konstruieren, der stabil in der Luft liegt.

Alter: ab 4 Jahren
Material: Papier A4

Jedes Kind erhält von der Spielleitung ein buntes A4-Papier, das es wie nachfolgend beschrieben zu einem Papierflieger faltet:

① Die Kinder falten die beiden oberen Ecke jeweils zu einer Seite, sodass die Kanten übereinanderliegen und öffnen das Blatt danach wieder.

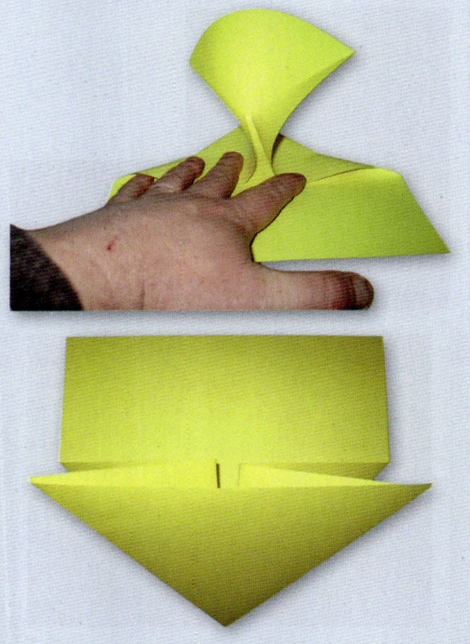

② Die so entstandenen beiden Dreiecke schieben die Kinder jeweils an den Längsseiten zusammen. Es entsteht eine Tragfläche, die die Kinder nach unten drücken.

③ Die Spitze falten die Kinder nach innen um.

④ Jetzt wird die Längsseite auf der Mitte gefaltet, sodass das Flugzeug fast fertig ist.

⑤ *Einen Zentimeter von der Mittelfalz entfernt falten die Kinder die Flügel nach außen. So entsteht im Mittelteil eine »Wanne«. An den Außenseiten knicken sie die Flügel nach innen um.*

⑥ *In die hinteren Kanten der Tragflächen reißen die Kinder Streifen und knicken die Streifen nach oben. Das sind die Düsen.*

Luftige Drachenflieger

Drachen

Um das Verhalten von Flugobjekten bei viel Wind zu simulieren, können Kinder mit Mülltüten experimentieren. Wie verhalten sich Flugobjekte bei starkem Wind?

Alter: ab 3 Jahren
Material: Plastiktüten

Jedes Kind erhält eine Mülltüte und hält sie mit der geöffneten Seite nach vorne über den Kopf, damit der Wind sich in der Tüte verfangen kann.
Gerne benutzen die Kinder die Mülltüten auch als Drachen, den sie hinter sich herziehen.

Hinweis: Kleinere Kinder nie alleine mit Plastiktüten spielen lassen, da sie sich die Plastiktüten gerne über den Kopf ziehen und die Gefahr besteht, dass sie ersticken.

Fallschirm aus Regenschirmbezügen

Selbstgebastelte Fallschirme versprechen spannende Stunden. Kinder können viele verschiedene Experimente über das Flugverhalten von Fallschirmen anstellen. Und je nachdem, was dabei herauskommt, müssen sie verschiedene Überlegungen anstellen, um ihre Konstruktion flugfähig zu machen:

Fallschirme aus Regenschirmbezügen

- *Wie lang müssen die Fäden sein, damit sich der Schirm entfaltet?*
- *Öffnet der Schirm sich mit einem schweren Gewicht eher?*
- *Braucht ein größerer Schirm mehr Gewicht, um sich zu entfalten?*

Alter: ab 6 Jahren
Material: alte Regenschirmbezüge, Tacker, Büroklammern, Bindfaden, Gewicht; evtl. Plastiktüten

Die Kinder tackern oder knoten an einer Ecke des Bezuges das Ende eines Fadens. Diesen fädeln sie durch eine Büroklammer und befestigen das Ende an der gegenüberliegenden Ecke des Bezuges. So werden alle Ecken miteinander verbunden. Wenn die Kinder den Mittelpunkt des Bezuges nach oben ziehen, fallen die Fäden nach unten und die Büroklammer liegt in der Mitte der Fäden und zeigt nach unten. Oberhalb der Büroklammer wird ein Knoten gezogen. An die Büroklammer wird ein weiterer Faden geknotet, an dessen Ende ein Gewicht kommt. Den Fallschirm können die Kinder von verschiedenen Höhen aus in die Luft werfen. Kinder können ihn auch schwingen, einfach fallen lassen oder zuvor in die Luft werfen. Je nachdem, gestalten sich die Flugeigenschaften anders.
Hinweis: Warum fliegt eigentlich ein Fallschirm? Die Antwort lautet: wegen der Thermik und des Aufwinds. Beim Abwärtsschweben entsteht unter dem geöffneten Schirm ein Druck, der den Schirm in der Luft hält.

Variante

Alternativ können die Kinder einen Fallschirm aus Plastiktüten herstellen. Dazu schneiden sie den oberen Teil der Tüte ab. Für den Fallschirm benötigen sie nur die untere Hälfte. Zum Anbringen der Schnüre und des Gewichtes gehen sie genauso vor wie bei den Regenschirmbezügen.

Ballonrakete (Seilbahn)

Alter: ab 4 Jahren
Material: verschiedene Luftballons, Schnur, Strohhalm, Klebestreifen, ggf. Bindfaden und Schachtel

Die Kinder erhalten einen Luftballon, pusten ihn auf und lassen ihn los. Er fliegt davon. Dies passiert,

3, 2, 1 und los geht die Rakete!

weil die Luft mit großer Wucht aus dem Ballon entweicht. Diesen Antrieb können die Kinder sich zunutze machen, um den Ballon gezielt fliegen zu lassen. Dazu fädeln sie auf eine Schnur einen Strohhalm auf. Die Schnur hängen die Kinder an den beiden Endpunkten auf. Mit Klebestreifen befestigen sie am Strohhalm einen Ballon. Die Kinder nehmen die Öffnung des Ballons in die Hand und pusten ihn auf. Wenn sie ihn loslassen, wird der Ballon am Seil entlang fliegen. Die Kinder können mit verschiedenen Ballons (lange, kurze, dicke, dünne) und mit einer unterschiedlichen Luftbefüllung experimentieren. Ebenso kann die Länge des Seiles variiert werden. Mit Bindfaden und einer aufgeschnittenen Schachtel lässt sich noch eine Gondel am Ballon anbringen.

Gyrocopter

Gyrocopter verhalten sich in der Luft ähnlich wie Hubschrauber. Jedoch wird ihr Rotor nicht durch einen Motor in Bewegung gesetzt, sondern durch den Fahrtwind. Aus den Wortbestandteilen wird deutlich, wie ein Gyrocopter funktioniert: Das Wort kommt aus dem Griechischen und setzt sich aus guros (Kreis) und pteron (Flügel) zusammen. In der Natur lässt sich dieses Phänomen beobachten, wenn die Flügelfrüchte des Ahorns zu Boden segeln. Sie drehen sich dabei um die eigene Achse.

Alter: ab 4 Jahren
Material: Papierstreifen (21 cm × 10 cm), Schere

Für den Gyrocopter bereitet die Spielleitung für jedes Kind einen Streifen Papier vor, auf dem die Falt- und Schnittlinien eingezeichnet sind.

Durchgehende Linien sind Knickstellen und gestrichelte Linien Schnittstellen.

Jedes Kind erhält eine Vorlage und erstellt daraus in folgenden Schritten den Gyrocopter:

Die Kinder schneiden den Streifen an den Schnittstellen ein und knicken einen der oberen Streifen nach vorne und einen nach hinten. Sie legen die links und rechts unten befindlichen Streifen zur Mitte hin übereinander. Fertig ist der Gyrocopter.

Wollen die Kinder den Gyrocopter fliegen lassen, halten sie ihn einfach hoch in die Luft. Und Schwupps dreht er sich um die eigene Achse zu Boden.

Konstruktionen aus Spiel- und Karteikarten

Kartengesteck

Spielkarten lassen sich so ineinanderstecken, dass daraus eine große Platte entsteht, die waagerecht in die Hand genommen werden kann, ohne auseinanderzufallen.

Alter: ab 7 Jahren
Material: Spielkarten

Im Prinzip wenden die Kinder hier eine Webtechnik an.

① Ausgangspunkt sind drei Karten, die die Kinder nebeneinander und etwas überlappend auf den Tisch legen: die äußeren Karten liegen senkrecht, die mittlere Karte waagerecht. Sie weben vier weitere Karten jeweils quer zu den umgebenden Karten hinein.

② An den Rändern erweitern die Kinder das Gesteck mit weiteren Spielkarten.

③ Ist das Gesteck fertig und richtig gewebt, können die Kinder es anheben. Je größer die Kinder so ein Gesteck machen, je präziser müssen sie die Karten ineinanderstecken, damit diese beim Anheben nicht auseinanderfallen.

Türme

Türme können die verschiedensten Bauarten aufweisen: mal gerade hoch, mal spitz zulaufend, mal im Kreis und mal in die Breite gezogen. Nachfolgend sieht man das Innere eines Karteikartenturms, der kreisrund in die Höhe gebaut wurde.

Alter: ab 7 Jahren
Material: Karteikarten

Mit Geduld und Spucke …

Die Kinder knicken die Karteikarten in der Mitte auf der Breitachse und stapeln diese so übereinander, dass ein Bauwerk entsteht. Den beiden Händen der Kinder kommen wieder unterschiedliche Aufgaben zu: die eine stützt und hält das Bauwerk, während die andere baut bzw. die Karten stapelt.

Karteikarten-Schnecke

Nicht nur Türme und Mauern lassen sich aus den Karten bauen. Figürliches bauen regt die Fantasie an. Die unterschiedlichen Arten des Greifens werden dabei trainiert.

Alter: ab 4 Jahren
Material: Karteikarten, ggf. Blatt A4, Bleistift

Die Kinder knicken die Karten in der Mitte leicht ein. Als Erstes legen sie den Schneckenkopf. Dafür stellen sie die Karten so ineinander, dass der Umriss der Schnecke zu erkennen ist. Als Hilfestellung kann die Spielleitung den Lauf der Schnecke vorzeichnen.

Die Karteikarten-Schnecke

Spiele, die mit dem Material vertraut machen

Eine Zeitung »klebt«

Alter: ab 4 Jahren
Material: Zeitungen, Stoppuhr

Die Kinder halten sich die Doppelseite einer Zeitung vor den Oberkörper. Nun rennen die Kinder los. Von einer Raumseite zur anderen oder von einer Wiesenseite zur anderen. Wenn sie schnell genug sind, bleibt die Zeitung am Körper kleben. Fällt einem Kind eine Zeitungsseite runter, muss es wieder an den Start und neu anfangen. Wer bringt seine Zeitung am schnellsten ins Ziel. Um die Schnelligkeit zu messen, nimmt die Spielleitung entweder mit der Stoppuhr die Zeit oder alle Kinder machen ein Wettrennen miteinander.

Variante

Wer bringt in einer bestimmten Zeit, die meisten Zeitungen ins Ziel. Hat ein Kind eine Zeitung ins Ziel gebracht, läuft es zurück zum Start und holt die nächste Zeitungsseite.

Indiaca aus Zeitungspapier

Indiaca ist ein sehr altes Spiel aus Südamerika.

Alter: ab 3 Jahren
Material: Zeitungspapier, Bindfaden oder Klebestreifen, ggf. Holzkugel oder Kastanie

Um ein Indiaca zu basteln, knüddeln die Kinder eine Zeitungseite zu einer Kugel zusammen. Diese Kugel legen sie in die Mitte einer weiteren Seite. Sie umschließen die geknüddelte Kugel mit der Zeitungsseite und drehen diese über der Kugel zusammen. Damit es besser hält, können die Kinder einen Bindfaden herumwickeln oder einen Klebestreifen.

Die Kinder schlagen das Indiaca mit der flachen Hand an, damit es fliegt: Sie können es von unten anschlagen oder in der Luft während des Fluges. Wenn es nicht so gut fliegt, können die Kinder eine Kastanie oder eine kleine Holzkugel zum Beschweren mit einwickeln. Ziel des Spiels ist es, das Indiaca in der Luft zu halten.

Blitzschneller Zeitungsbote

Kartenstapel

Dieses Spiel wird nach dem Spielprinzip vom Packesel gespielt.

Alter: ab 4 Jahren
Material: 1 Flasche oder hohe Dose, Karteikarten oder Bierdeckel

Alle Kinder versammeln sich um einen Tisch, in dessen Mitte eine Flasche oder hohe Dose steht. Jedes Kind bekommt 10 Karten oder Bierdeckel. Abwechselnd legt nun jeder oben auf dem Flaschenhals oder der Dose eine Karte ab. Fallen bei einem Spieler Karten runter, nimmt er sie zu seinen Karten. Wer als Erstes keine Karten mehr hat, gewinnt das Spiel.

Karteikarten-Labyrinth

Da die Karteikarten sehr flexibel einsetzbar sind, lassen sich sehr große Labyrinthe bauen. In der Bauphase sind ständig Korrekturen möglich. Wege und Wirrungen sind veränderbar.

Alter: ab 5 Jahren
Material: Karteikarten, dicke Pappe als Unterlage, ggf. Kleister, Stift

Damit die Karteikarten sich zu einem Labyrinth aufstellen lassen, müssen die Kinder sie in der Mitte leicht einknicken. Daraus stellen sie ein Labyrinth. Damit die Karten nicht so schnell umknicken, stellen die Kinder ihr Labyrinth auf dicke Pappe, die mit Kleister bestrichen ist. Ein anderes Kind bahnt sich mit einem Stift den Weg durch das Labyrinth.

Ein Balanceakt mit einer Zeitungsseite

Zeitungsseiten balancieren

Alter: ab 7 Jahren
Material: Zeitungspapier

Eine Doppelseite einer Zeitung kann balanciert werden. Dazu fassen die Kinder mit jeder Hand zwei Zeitungsecken an, die sich diagonal gegenüberliegen, und ziehen die Zeitung senkrecht in die Länge. Dabei bildet sich auf der Diagonalen eine Welle. Sollten die Kinder es alleine nicht hinbekommen, kann ein Kind die Zeitung halten, während ein weiteres Kind die Welle »schlägt«. Die Ecken, die in der Hand gehalten werden, knicken die Kinder leicht um.

Reifen und Ringe

Ein Reifenbauwerk, das die Kinder in Höhe und Länge erweitern können

Kinder können Reifen und Ringe schwingen, rollen und werfen. Oder hohe Türme damit bauen. Alte Fahrradmäntel werden zu Murmelbahnen und Hula-Hoop-Reifen zu »Höhlen«, so vielfältig lassen sich Reifen und Ringe einsetzen. Ebenso können die Kinder Reifen mit anderen Materialien, wie z. B. mit Zollstöcken, kombinieren, um daraus die schönsten Konstruktionen zu erfinden.

Konstruktionen aus Autoreifen, Fahrradmänteln und Hula-Hoop-Reifen

Reifen-Zollstock-Stern

Zollstöcke lassen sich in einen Reifen so einarbeiten, dass ein Stern entsteht. Er kann sogar aufgehangen werden. Je nachdem, wie stabil die Konstruktion ist, rutscht der Stern etwas nach unten zusammen.

Alter: ab 6 Jahren
Material: Hula-Hoop-Reifen, Zollstöcke

Bei dieser Konstruktion wenden die Kinder die Webtechnik an. Den Reifen legen die Kinder auf den Boden. Darauf legen sie einen Zollstock. Der nächste Zollstock wird von den Kindern untergewebt. Dazu legen sie ein Ende des Zollstocks unter den Reifen, führen ihn über den ersten Zollstock und wieder unter den Reifen. Beim nächsten Zollstock gehen sie genau umgekehrt vor: Ein Ende legen sie auf den Reifen und klemmen ihn in der Mitte unter die bereits befestigten Zollstöcke, das zweite Ende wird wieder über den Reifen gelegt. So bauen die Kinder immer weiter, bis ihr Zollstock-Stern fertig ist.

Der fertige Reifen-Zollstock-Stern mal liegend

... mal aufgehangen

Gebäude aus Hula-Hoop-Reifen

Aus Hula-Hoop-Reifen lassen sich auf einfache aber eindrucksvolle Weise Türme und Häuser bauen. In einzelnen Konstruktionen können Kinder sitzen oder durch sie hindurch krabbeln.

Alter: ab 5 Jahren
Material: Hula-Hoop-Reifen, Decken, Wäscheklammern; evtl. Jonglierringe

Die Kinder legen einen Reifen auf den Boden. Zwei andere stellen sie in den Reifen und lehnen diese schräg gegeneinander. Quer zu diesen beiden Reifen lehnen die Kinder zwei weitere Reifen an, die ebenfalls in dem auf dem Boden liegenden Reifen liegen. Um darauf ein neues Reifenstockwerk zu legen, stülpen die Kinder waagerecht einen Reifen auf das Bauwerk. Die Kinder bauen jetzt so weiter, wie sie es im »Erdgeschoss« schon gemacht haben.

Das einzelne Bauwerk erinnert an eine Weltkugel.

Aus der Weltkugel können die Kinder kleine Höhlen oder Kriechtunnel bauen. Dazu werden Tücher mit Wäscheklammern an den Reifen befestigt.

Bunter Turm aus Jonglierringen

Variante aus Jonglierringen

Ähnliche Konstruktionen lassen sich aus Jonglierringen bauen.

Bauwerke aus Autoreifen

Alter: ab 3 Jahren
Material: Autoreifen; evtl. Lkw-Schläuche

Die Spielleitung besorgt Autoreifen im Reifenfachhandel. Mit etwas Glück bekommt sie diese sogar umsonst, da sie zum Einsatz am Fahrzeug nicht mehr geeignet sind.

Größere Kinder lieben es, in den Autoreifen große Sachen zu transportieren oder selbst damit durch die Gegend zu rollen. Die Reifen eignen sich auch hervorragend für Bewegungsbaustellen, bei denen die Kinder über verschiedene Gegenstände z. B. balancieren, hüpfen, laufen müssen (siehe rechts oben und unten).

Da die Reifen relativ schwer sind, werden diese häufig von den Kindern gemeinsam bewegt und transportiert. Kinder finden immer einen Weg, gemeinsam ihr Ziel zu erreichen.

Hier lag zunächst ein Reifen auf dem Boden. Dort hat sich ein Kind hineingestellt. Andere Kinder haben über das Kind weitere Reifen gestülpt, bis es ganz verschwunden war. Das Kind kann aus dem Turm heraus nach oben steigen oder sich mit dem Reifenturm umfallen lassen und wieder herauskriechen.

Mauer aus Reifen: Dazu legen die kleinen Baumeister erst einen Reifen flach auf den Boden. Weitere Reifen lehnen sie schräg daran an. Die obere Reihe fangen die Kinder auf der Seite an, wo der offen sichtbare Reifen liegt. Auf die beiden letzten Reifen legen sie schräg einen weiteren Reifen. Die weiteren Reifen lehnen die Kinder schräg an, bis die zweite Reihe voll ist. Die Spielleitung sollte nochmal die Stabilität des Bauwerkes überprüfen. Daran kann die Spielleitung die Kinder beteiligen. Erscheint alles stabil, können die Kinder auf der Mauer klettern und balancieren.

Bei dieser Mauerkonstruktion ist die Lückenbauweise zum Tragen gekommen. Hierbei legen die Kinder immer einen Reifen auf die Lücke zweier anderer Reifen. So entstehen, vom Mittelpunkt aus gesehen, zwei Treppen, die die Kinder zum Klettern einladen.

Hinweis: Nach dem Bauen mit Autoreifen sollten die Kinder sich gründlich die Hände waschen.

Kugel aus Fahrradmänteln

Alter: ab 4 Jahren
Material: Fahrradmäntel

Ein Kind kann aus mehreren Fahrradmänteln eine große Kugel bauen. Dazu muss es zunächst einen Mantel quer in einen anderen stecken, sodass beide Mäntel auf ihrer senkrechten Achse ineinander stecken. Von oben gesehen, bilden beide Mäntel ein Kreuz. Die weiteren Mäntel steckt das Kind jeweils in den innersten Mantel.

Fahrradmantel-Kugel

Spiele, die mit dem Material vertraut machen

Kreiselhüpfen

Das Kreiselhüpfen macht Kindern besonders viel Spaß und fordert dabei viel Körperbescherrschung und einiges an Geschick, um den Reifen beim Hinein- und Hinausspringen nicht zu berühren.

Alter: ab 5 Jahren
Material: Hula-Hoop-Reifen

Die Kinder drehen den Reifen senkrecht an. Sobald er tief genug ist, können die Kinder einmal in den Reifen hinein springen und gleich wieder heraus. Dieses können die Kinder in verschiedene Richtungen machen: vorwärts, rückwärts und seitwärts.

Variante

Schwieriger wird es, wenn jeder zwei oder drei Reifen in einer Reihe andreht. Diesen Hüpfparcours zu bewältigen, ist schon eine echte Herausforderung für die Kinder.

Reifentwister

Alter: ab 4 Jahren
Material: Hula-Hoop-Reifen in verschiedenen Farben

Mit Hula-Hoop-Reifen unterschiedlicher Farben können die Kinder gut Twister spielen. Die Reifen

Ein großes Kuddelmuddel an Körpern

werden alle dich nebeneinander auf den Boden gelegt. Die Spielleitung ruft eine beliebige Farbe auf und die Kinder stellen den ersten Fuß in einen Reifen dieser Farbe. So geht es mit dem zweiten Fuß und den beiden Händen weiter. Alle Kinder spielen gleichzeitig. Das Spiel ist beendet, wenn alle Kinder ihre Hände und Füße in den Reifen haben. Die Spielleitung kann einen weiteren Durchgang starten.

Reifen weiterreichen

Alter: ab 3 Jahren
Material: Hula-Hoop-Reifen; evtl. 2, 3 oder 4 Hula-Hoop-Reifen mit unterschiedlichen Farben

Alle Kinder fassen sich an die Hände und bilden so einen Kreis. Zwei fassen durch einen Reifen hindurch und reichen diesen im Uhrzeigersinn weiter, aber ohne die Hände loszulassen. Das heißt, alle müssen irgendwie mit ihrem gesamten Körper durch den Reifen klettern, bis er wieder an seinem Ausgangspunkt angekommen ist.

Variante mit mehreren Reifen

Das Spiel kann auch mit 2, 3 oder 4 Reifen unterschiedlicher Farbe gespielt werden. Je nachdem, wie viele Kinder mitspielen. Dabei werden die Reifen gleichmäßig im Spielkreis verteilt. Ziel: Reifenjagd. Die Kinder versuchen mit den Reifen den jeweils nächsten Reifen einzuholen und zu fangen. Eingeholte Reifen werden von der Spielleitung aussortiert. Das Spiel ist beendet, wenn nur noch ein Reifen im Spiel ist.

Hula Hoop mal anders

Alter: ab 8 Jahren
Material: Lkw-Schlauch

Hula Hoop mit einem Lkw-Schlauch erfordert etwas mehr Kraft, Koordination, Orientierung als mit den Original-Hula-Hoop-Reifen und beim Start die Hilfe eines anderen Kindes, das den Reifen stützt. Wer wird seinen Reifen wohl am längsten in der Luft halten?

Gar nicht so einfach!

Immer im Kreis

Kaputte Fahrradmäntel eignen sich super für ein Geschicklichkeitsspiel.

Alter: ab 4 Jahren
Material: je Kind 1 Fahrradmantel, Murmeln, Uhr; evtl. Styroporkugeln

Die Kinder legen eine Murmel in einen Fahrradmantel oder auf die inneren Kanten des Mantels. Diese Murmel bringen die Kinder so in Fahrt, dass sie im Reifen oder auf der inneren Kante ins Rollen gerät. Dazu bewegen sie den Reifen zunächst sowohl nach rechts als auch nach links. Erst wenn die Murmel etwas Fahrt aufgenommen hat, wird der Reifen nur noch in Richtung der Murmel bewegt.
Nach einigen Übungsrunden können damit spannende Wettbewerbe ausgetragen werden:

- Wer lässt seine Kugel am längsten rollen?
- Wer schafft in einer Minute die meisten Umdrehungen?

Variante
Ganz spannend wird es, wenn die Kinder dem Mantel beim Schwungholen einen Drall nach vorne geben. Dadurch fliegt die Kugel aus dem Mantel heraus und kann von einem anderen Spieler mit seinem Mantel gefangen werden. Dazu stehen die beiden Kinder so voreinander, dass sie sich anschauen.
Hinweis: Dazu sollten keine harten Murmeln verwendet werden. Am besten funktioniert dies mit Styroporkugeln.

Murmel im Fahrradreifen

Kartons, Schachteln, Becher & Co.

Was wäre, wenn wir keine Schachteln, keine Kartons, keine Dosen, keine Rollen, keine Becher und keine Hüllen hätten? Es würde entweder Chaos ausbrechen oder die Menschen hätten etwas Vergleichbares hergestellt. Alle genannten Gegenstände dienen dem Menschen z. B. zum Frischhalten, Aufbewahren und Sortieren oder als Verpackungsmaterial.

Schachteln und Kartons gibt es in vielen Formen und Größen. Es gibt z. B. runde Schachteln für Camembert, große für Schuhe oder lange für Zahnpasta. Kartons unterscheiden sich von Schachteln in ihrer Größe und im Material: Sie sind in der Regel größer und aus fester Pappe oder Wellpappe, während Schachteln kleiner und aus Papier oder dünner Pappe bestehen. Grund für das unterschiedliche Material: Kartons werden häufig gebraucht, um darin schwere Dinge zum Transport einzupacken, sodass das Material entsprechend stabiler sein muss.

Auch Dosen und Rollen gehören zum Alltag der Kinder, sei es z. B. die Suppendose oder das Schmuckdöschen einerseits und die Klopapier-, Tesafilm- oder die Teppichrolle andererseits. Unterscheiden können sie sich z. B. in der Länge oder ihrem Durchmesser. Während Dosen vorwiegend aus Metall oder Plastik bestehen, können Rollen die unterschiedlichsten Materialien aufweisen.

Kartonritterburgen

Becher und Hüllen bestehen in der Regel aus Plastik. Für Kassettenhüllen und CD-Hüllen wird in der Regel Hartplastik verwendet, für Papiere etwas flexibleres Plastik. Becher bestehen i. d. R. aus leichtem Plastik.

Durch die unterschiedliche Beschaffenheit der Gegenstände können die unterschiedlichsten Konstruktionen entstehen. Nachfolgendes Kapitel gibt unzählige Anregungen, wie mit Kindern mithilfe dieser Materialien Murmelbahnen, Sterne, Türme und vieles andere mehr gebaut und konstruiert werden kann.

Konstruktionen aus Schachteln, Kartons ...

Streichholzschachtel-Sterne

Alter: ab 3 Jahren
Material: Streichholzschachteln

Die Spielleitung stellt den Kindern Streichholzschachteln zur Verfügung. Aus diesen legen die Kinder Sterne. Dabei stehen den Kinder zwei Bauweisen zur Verfügung: flach auf der Schachtelseite liegend oder auf der Reibefläche stehend.

Miniatur-Gebäude(teile)

Hier werden verschiedene Materialien vorgestellt, aus denen Treppen, Mauern und Türme von den Kindern gebaut werden können. Alle haben ihren besonderen Charakter und eignen sich daher für ganz unterschiedlich aussehende Bauwerke.

Alter: ab 3 Jahren
Material: Streichholzschachteln, Kartons, Grillpfannen, CD-Hüllen, Klorollen

Die Spielleitung legt die Materialien bereit. Wichtig ist für die Kinder eine Experimentierphase, in der sie das Material kennenlernen können. Oft entwickeln Kinder bereits in dieser Phase Ideen für Bauwerke. Es kann einen fließenden Übergang in die eigentliche Bauphase geben.

- **Eine Treppenpyramide aus Streichholzschachteln**

Die Treppenpyramide in Lückenbauweise ist besonders stabil.

- **Grillpfannenzaun**

Die Kinder stapeln die Grillpfannen. Die oberste Pfanne kann von ihnen so verschoben werden, dass sich die Pfannen auf der unteren Ecke die Waage halten.

◆ Türme

Der Reiz von CD-Hüllen liegt u. a. darin, dass sie funkeln, wenn sie von Licht angestrahlt werden. Aus CD-Hüllen können die Kinder sehr hohe Gebäude konstruieren und bauen.

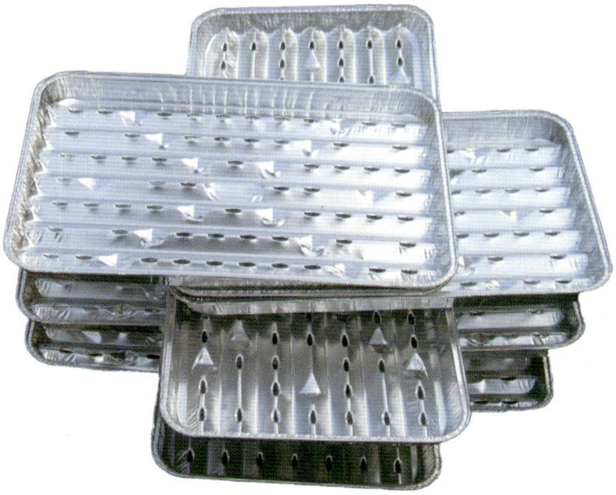

Grillpfannen haben eine besondere Ästhetik. Besonders in der Sonne entwickeln sie ihren funkelnden Reiz. Beim Turmbau im Freien müssen die Kinder etwas Geduld mitbringen und sehr sorgfältig bauen, da die Grillpfannen sehr wind- und erschütterungsanfällig sind.

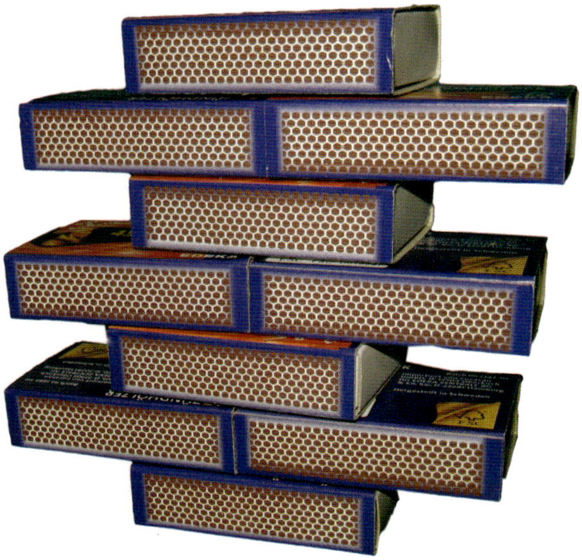

Die einzelne Schachtel, die von den Kindern auf die Mitte zweier anderer Schachteln gelegt wird, hält den Turm in der Balance.

Klopapierrollen sind gerade für jüngere Kinder ein einfach zu verarbeitendes Material. Im vorliegenden Beispiel hat ein dreijähriger Junge die Lückenbauweise angewendet.

Der Burgherr arbeitet an seiner Burg.

Die Ritterburg

Was gibt es Schöneres für Kinder, als eine eigene Ritterburg zu besitzen, mit der sie Ritter und Burgfräulein spielen können.

Alter: ab 3 Jahren
Material: Kartons, Papprollen, Eisstiele, Schaschlikspieße u. a., Abklebeband und Heißklebepistole, Schere, Pinsel, Farbe

Zunächst brauchen die Kinder ein Fundament für ihre Ritterburg. Dazu eignet sich ein Karton. Als Nächstes überlegen die kleinen Bauherren, wo welche Art von Türmen stehen sollen. Mit einer Schere bringen sie die Papprollen in Form und kleben sie mit Heißkleber an das Fundament. Die jüngeren Kinder brauchen beim Kleben mit der Heißklebe-

Die fertige Burg

pistole Unterstützung von einem Erwachsenen. Leichte Türme, wie z. B. aus Klopapapierrollen, können die Kinder auch mit Klebestreifen befestigen. Abschließend bringen die Kinder aus Pappe Mauerabschlüsse und Dächer an den Türmen an. Bevor die Kinder ihre Burg anmalen, bringen sie noch Fenster und Türen an. Diese schneiden sie mit einer Schere in die Burgmauern. Gefängnisfenster werden mit Spießen verkleidet. Haben die Kinder ihre eigentliche Burg beendet, können sie noch weitere Nebengebäude konstruieren und bauen. Mit passenden (Playmobil-)Figuren können die Kinder die Ritterburg zum Leben erwecken.

Große Gebäude(-teile) aus Kartons und Kisten

Alter: ab 3 Jahren
Material: Kartons, Bastelkleber

Aus großen Kartons können Kinder Bauwerke errichten, in die sie rein klettern und die sie einrichten können: Türme und Höhlen zum Verstecken, eine Ruheecke oder einen Kuschelraum. Bei genügend Platz können die Kinder ganze Städte errichten. Bestens geeignet für eine Ferienaktion in der Turnhalle oder auf einem großen Freigelände.

Kinder lieben es, sich zu verstecken, z. B. indem sie um sich herum eine Mauer aus Kartons bauen. Noch schöner ist es für die Kinder, wieder hervorzukommen und die Mauern zum Einsturz zu bringen.

Bauwerke aus flachen Plastikgemüsekisten

Eine einfache Konstruktion aus Kartons. Den Turm haben zwei 3-jährige Kinder gebaut. Die Kartons wurden mit Bastelkleber zusammengeklebt.

Sehr gut lassen sich Kartons mit Holz oder Plastikkisten kombinieren. Die hier gezeigten Konstruktionen aus blauen Gemüsekisten haben 3- bis 5-jährige Kinder gebaut. Die Kisten sind recht flach und in der Breite und Länge etwas größer. Darum eignen sie sich besonders für hohe Bauwerke.
Neben Autoreifen (siehe Seite 65) und Brettern eignen sich diese flachen Gemüsekisten besonders für solche Bauwerke.

Ein Kleid aus Tetra Paks

Alter: ab 6 Jahren
Material: Tetra Paks, Locher, Paketschnur oder Sisalband, Plastikhandschuh, Papier oder Watte

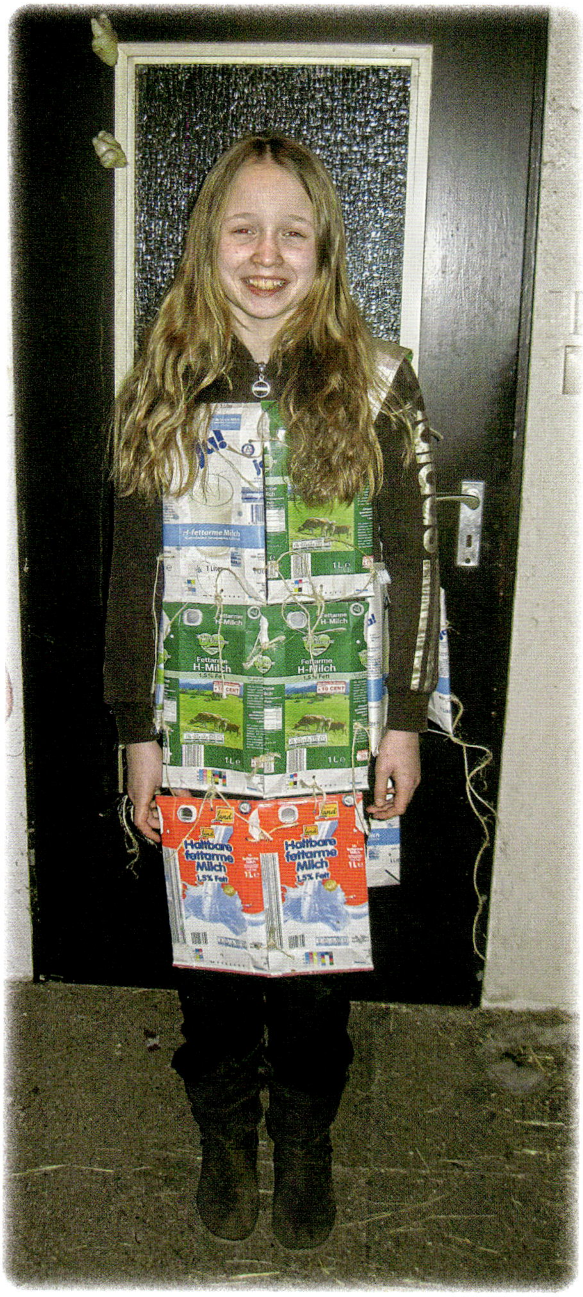

Junge Dame im Tetra-Pak-Kleid

Die Kinder spülen die Tetra Paks gründlich aus und stellen sie zum Trocknen verkehrt herum auf, sodass die Wasserreste aus der Öffnung herauslaufen können.
An allen vier Ecken klappen die Kinder die Laschen heraus und drücken die Paks flach. Mit einem Locher stanzen sie dort Löcher hinein, wo die Paks miteinander verbunden werden. Jetzt verbinden sie die Tetra Paks mit einer Schnur oder einem Band zu einem Kleid. Damit das Kleid haltbar genug ist, machen die Kinder immer mindestens drei Knoten.
Hinweis: Die Kinder sollten in der Lage sein, einen einfachen Knoten zu machen, bevor sie ein solches Kleid basteln können.

Als Kopfbedeckung können die Kinder einen Plastikhandschuh verwenden, der mit Watte und zerknüddeltem Papier gefüllt ist.

Die Kopfbedeckung

Windspiele

Windspiele müssen sehr gut geplant und konstruiert werden, damit sie sich im Wind drehen. Dies betrifft vor allem die Anordnung der »Flügel« und deren Größe. Bei der Größe gilt es eine Faustregel zu beachten: Je größer die Flügel sind, je weniger sind nötig, damit sich das Windspiel dreht.

Alter: ab 5 Jahren
Material: Petflaschen, Plastikbecher, Margarinedosen, Wirbel, Draht, eine kurze spitze Bastelschere oder Nagelschere, Perlen

◆ Flaschen-Windspiele

Für die Aufhängung der Windspiele brauchen die Kinder dünnen Draht, Wirbel und Perlen. In den Deckel einer Flasche bohren sie ein Loch mit der Bastel- oder Nagelschere. Durch dieses Loch stecken

Die Qualle

die Kinder einen Draht, der im Deckelinneren mit einer Perle fixiert wird. Ans andere Ende befestigen sie den Wirbel. An den Wirbel kommt ein Stück Draht für die Aufhängung.
Mit einer kleinen spitzen Schere (Nagelschere) schneiden sie die Flügel aus der Flasche aus. Für jüngere Kinder wird es anfangs schwierig sein, ein Loch in die Flasche zu pieksen, um einen Flügel auszuschneiden. Hierbei hilft die Spielleitung.

Ein einfaches Windspiel, um das Material kennenzulernen, ist die Qualle. Dazu brauchen die Kinder die obere Hälfte einer Flasche. Hier schneiden sie Längsstreifen rein.

Geübtere Kinder können auch quer zum Flaschenhals Aussparungen in die Flasche schneiden und die Flasche durch Einschneiden der Seitenwände so stauchen, dass sie einen »dicken Bauch« erhält. Dabei werden in den mittleren Teil Streifen geschnit-

Windspiel mit »dickem Bauch«

ten. Um das Plastik zu knicken, müssen die Kinder die Flasche von beiden Seiten zusammendrücken. Jüngere Kinder brauchen u. U. etwas Unterstützung von einem Erwachsenen.

◆ Dosen-Windspiele

Bei diesem Windspiel aus einer Rama-Dose wurde ein Draht durch die Dose gezogen und beide Enden an eine Aufhängung geknotet.

Diese Windspiele drehen sich nicht um die eigene Achse, sondern um ihren Mittelpunkt.

Windspiel aus einem Trinkbecher

◆ **Becher-Windspiele**
Dünne Plastikbecher lassen sich sehr leicht verarbeiten. Kinder haben in der Regel keine Schwierigkeiten, hier Flügel rein zu schneiden. Daher sind sie gerade für die jüngsten Kinder als Baumaterial sehr geeignet.

Murmelbahnen

Eierkartonbahn

Alter: ab 3 Jahren
Material: Eierkartons, Bastelkleber, Murmeln

Für diese Bahn bauen die Kinder zunächst eine Treppe aus Eierkartons. Die Eierkartons kleben sie mit Bastelkleber aneinander. Abschließend verkleiden die Kinder die Seiten der Treppe. Dazu bringen sie dort mit Bastelkleber weitere Eierkartons an. Damit die Murmeln am Ende der Bahn nicht wegrollen, bringen die Kinder dort einen offenen Eierkarton als Auffangschale an.

Diese Murmelbahn haben zwei 4-jährige Jungs entworfen und gebaut.

Kunststoffdosenbahn

Alter: ab 6 Jahren
Material: lange Kunststoffdose, Pinnnadeln, Bastelscheren, Zahnstocher oder Nägel, Murmeln

Die Kinder pieksen mit einer Pinnnadel Löcher in die Dose. Die Löcher zeigen den späteren Verlauf der Bahn an. Unten in die Wand der Dose schneiden die Kinder mit einer kleinen Bastelschere ein Austrittsloch für die Murmeln. In die Löcher stecken

Die Murmel rollt im Inneren nach unten.

sie Zahnstocher. Das erfordert etwas Kraftaufwand von den Kindern. Statt Zahnstocher können die Kinder auch Nägel verwenden. Sowohl mit Zahnstochern als auch mit Nägeln ergibt sich ein wunderbarer Klang, wenn die Murmel nach unten rollt.

Pizzakartonbahn

Bei dieser Art der Murmelbahn können die Kinder in ganz gezielten und geplanten Schritten eine wunderbare Murmelbahn konstruieren und bauen.

Alter: ab 6 Jahren
Material: Bleistift, Papier, Pizzakarton, Pinnnadeln oder kurze Nägel, Zahnstocher, Murmeln

Den Verlauf der Murmelbahn zeichnen die Kinder zunächst auf ein Blatt Papier. Ihren Entwurf übertragen sie mit einem Stift auf den Deckel des Pizzakartons. In die gezeichnete Linie pieksen die Kinder ca. alle 5 mm mit einer Pinnnadel ein Loch. Im nächsten Schritt stecken die Kinder Zahnstocher in diese Löcher. Zwischendurch überprüfen die Baumeister immer mal wieder, ob die Murmel zwischen die Zahnstocherreihen durchpasst und nicht irgendwo liegen oder hängen bleibt.
Sehr schön können die Kinder diese Bahn auch mit kurzen Nägeln bauen. Dazu werden die Nägel von oben in den Pizzakarton gesteckt, bis die Köpfe an der Pappe zum Stoppen kommen. Diese Version hat den Vorteil, dass sie den Deckel einfach zumachen können, wenn nicht mehr damit gespielt wird. Die Spitzen verschwinden so im Karton.

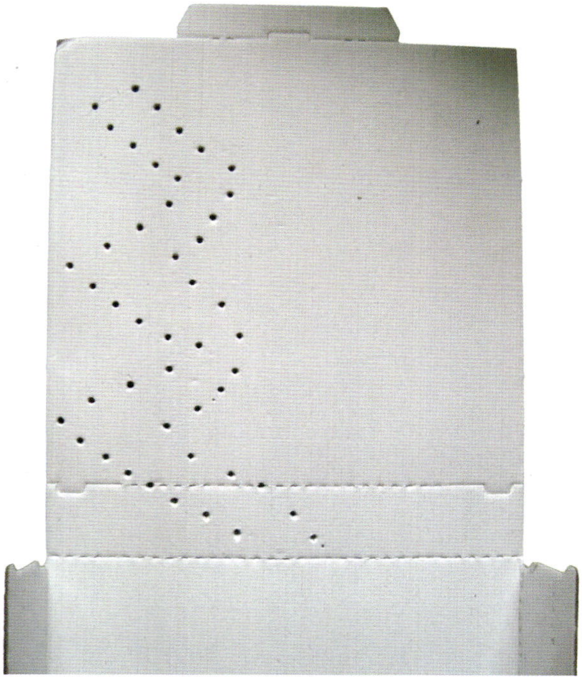

Der vorgepiekste Verlauf einer Murmelbahn im Pizzakarton

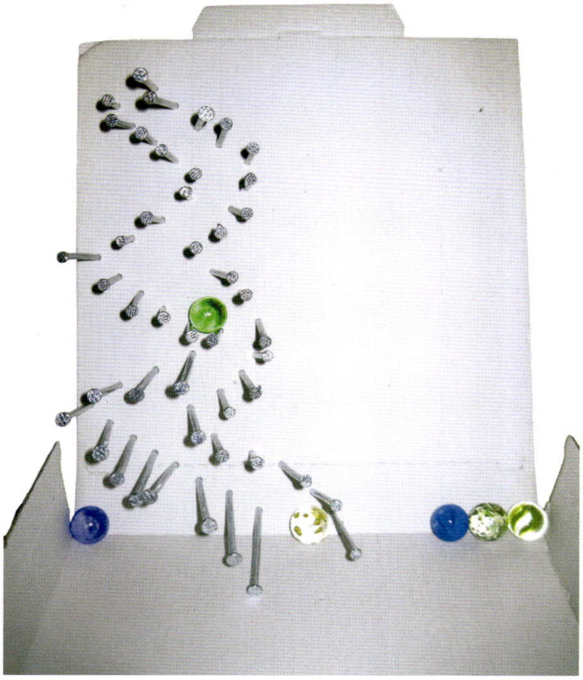

Eine fertige Murmelbahn aus Nägeln

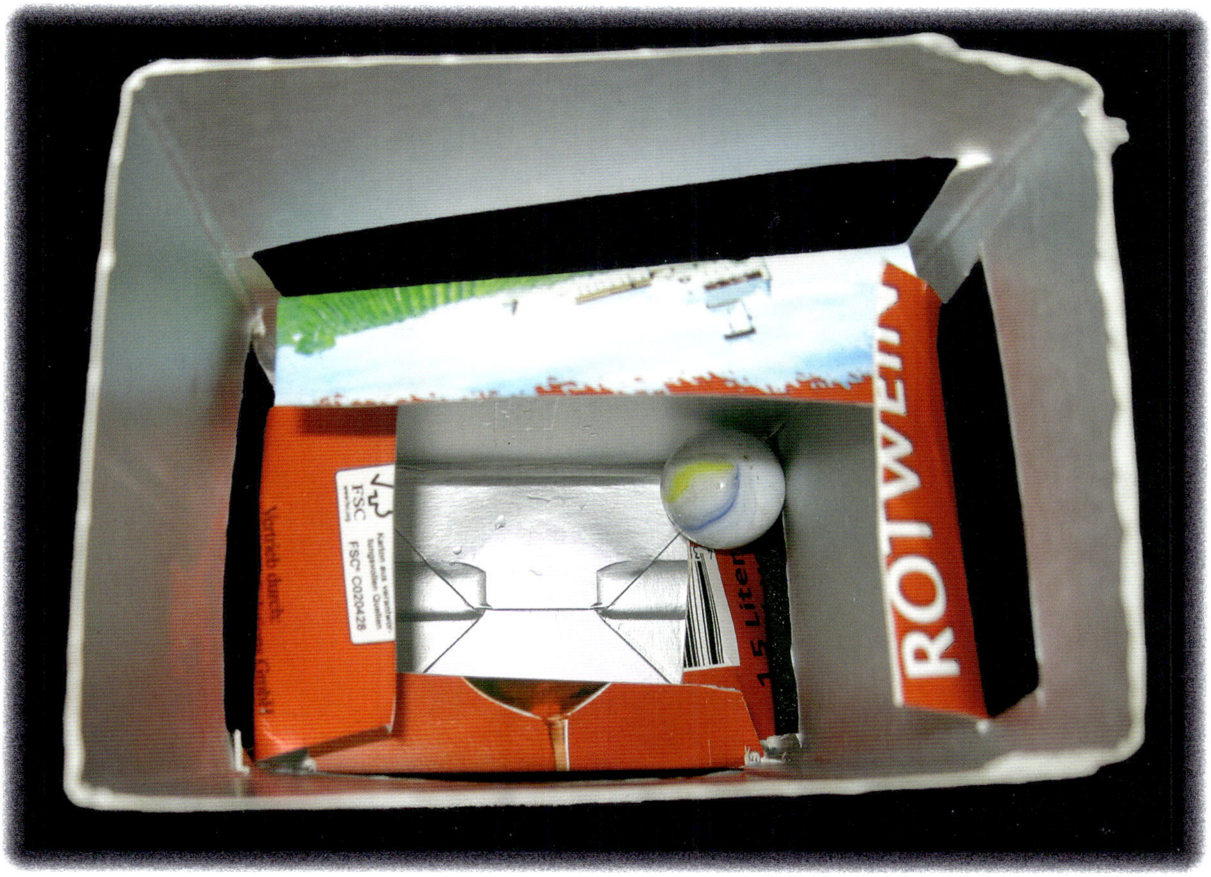

Murmelbahn aus einem Tetra Pak

Tetra-Pak-Bahn

Alter: ab 4 Jahren
Material: Tetra Paks oder Kartons, Schere, Murmeln oder Tennisbälle

Für diese Bahn schneiden die Kinder umknickbare »Laschen« in das Tetra Pak. Diese knicken sie nach innen um. Hierauf rollen die Kugeln später nach unten. Die Kinder können diese Bahn auch im Innern eines Kartons bauen. Die nach innen geknickten Laschen schneiden die Kinder größer aus. In dieser großen Bahn können sie einen Tennisball nach unten rollen lassen.

Kartonbahn

Alter: ab 5 Jahren
Material: Kartons, Haushaltspapierrollen, runde Chipsdosen, Paketklebeband, Farbe, Pinsel

Um einen Karton herum kleben die Kinder Rollen oder runde Chipsdosen. Am besten halten diese mit Paketklebeband. Haben die Kinder ihre Bahn fertig gebaut, können sie diese mit Farbe verschönern.

Hinweis: Ein Beispiel für eine solche Kartonbahn ist auf Seite 26 abgebildet.

Schwungbahn

Alter: ab 6 Jahren
Material: Kartons, Messer, Klopapierrollen, Scheren, Zahnstocher, Nägel, Strohhalme, Eisstiele, Murmeln

In einen Karton schneiden die Kinder mit einem Messer Rundungen. Dabei müssen sie darauf achten, dass die unteren Enden der Rundungen oberhalb des 1. Drittels der darunter liegenden Rundung enden.

Mit einer Schere halbieren die Kinder die Klopapierrollen und schneiden daraus »Rinnen«.

Die Rinnen stecken die Kinder in die Rundungen des Kartons.

Für die Rundungen können die Kinder auch unterschiedliches Material benutzen, wie z. B. Zahnstocher, Nägel, Strohhalme oder Eisstiele. So wird das Klackern und Klickern zu einem Hörerlebnis.

Hängende Bahn

Alter: ab 6 Jahren
Material: Schachteln, Schere und ggf. Locher, Bindfaden bzw. Tacker oder Kleber, Locher, Wäscheleine

Zunächst schneiden die Kinder von mehreren Schachteln den Deckel ab. Rechts und links unten schneiden oder lochen sie mit dem Locher eine Öffnung in die Schachtel, durch die die Murmel in die nächste Schachtel rollen kann. Zum Aufhängen befestigen die Kinder an der Schachtel einen Bindfaden. Der Faden, der oben an der Schachtel befestigt wird, muss etwas länger sein als der andere, damit die Schachtel mit einer Neigung aufgehängt werden kann und die Murmel so ins Rollen kommt! Alternativ können die Kinder die Fäden auch festtackern oder -kleben. Nun hängen die Kinder die Einzelelemente so auf, dass die Murmeln durch alle Schachteln rollen können.
Da diese Murmelbahn sehr windanfällig ist, empfiehlt es sich, dass die Kinder sie im Innenraum einer Einrichtung aufhängen. In einer windgeschützten Ecke können sie die Bahn aber auch draußen an einen Wäscheständer hängen.

Murmelbahn aus Schachteln

Flaschenhalsmurmelbahn

Alter: ab 8 Jahren
Material: Plastikflaschen, Becher, Schere, Holzleiste, Tacker, ggf. Farbe, Murmeln

Die Kinder trennen die Flaschenhälse mit einer Schere vom Rest der Flasche. Sie befestigen die Flaschenhälse mit einem Tacker verkehrt herum an einer Holzleiste. Dabei zeigen die nach unten gerichteten Öffnungen gegen eine innere Seite des darunter liegenden Flaschenhalses. Dadurch rollen die Murmeln rundherum durch die Flaschenhälse nach unten. Am unteren Ende der Murmelbahn ist ein Becher zum Auffangen der Murmeln befestigt.

Hinweis: Die Murmelbahn kann mit Farbe noch verschönert werden.

Fertig ist die Flaschenhalsmurmelbahn.

Spiele, die mit dem Material vertraut machen

Domino-Rallye

Alter: ab 4 Jahren
Material: Streichholzschachteln

Aus Streichholzschachteln können Kinder »Domino«-Rallyes bauen. Wenn die Kinder kompliziertere Rallye-Strecken bauen, müssen sie immer mal wieder überprüfen, wie die Streichholzschachteln in den Kurven fallen. Ist die Rallye-Strecke zu eckig gebaut, wird das Dominospiel unterbrochen.

Spiegeltürme

Alter: ab 5 Jahren
Material: Spiegel, Baumaterial, wie z. B. Bauklötze, Schachteln, Klopapierrollen, Joghurtbecher, Kastanien

Mit Spiegeln können die Kinder wunderbare Experimente anstellen. Dazu bauen sie aus verschiedenem Baumaterial (Bauklötze, Schachteln, Klopapierrollen) Türme auf einen Spiegel oder vor einen Spiegel. Dadurch sehen die Kinder ihr Bauwerk doppelt. Wenn die Kinder das Spiegelbild durch einen weiteren Spiegel erneut spiegeln, erhalten sie im Spiegel eine unendliche Spiegelung ihrer Türme.

Wunderbare Spiegeleffekte

Klopapierrollenpyramide

Alter: ab 6 Jahren
Material: Klopapierrollen

Fleißiger Pyramidenbauer

Bei diesem Spiel legen die Kinder zehn Klopapierrollen nebeneinander. Diese rollen sie zu einer Pyramide zusammen. Dabei dürfen **nur die Hände** benutzt werden. Geübte Pyramidenbauer können es auch mit 15 Rollen ausprobieren. Eine Herausforderung für die Handmotorik der Kinder.

Pustebahn

Alter: ab 3 Jahren
Material: Eierkarton, Tischtennisball

In einen Eierkarton legen die Kinder einen Tischtennisball. Wenn die Kinder an der vorderen Seite des Tischtennisballes, von schräg oben, pusten, springt dieser in die nächste Mulde. Diese Übung trainiert die Mundmotorik der Kinder.

Einmal kräftig pusten …

Cup Stacking

Alter: ab 6 Jahren
Material: stabile Plastikbecher, Stoppuhr

Beim »Cup Stacking« bauen die Kinder aus Bechern Türme. Die Becher werden auf Geschwindigkeit in einer bestimmten Reihenfolge und in einem fest-

Die Ausgangstellung des 3-3-3-Systems

Die gebauten Türme

gelegten Muster zu Türmen gestapelt. Das Kind, das die Figur als Erstes auf- und wieder abgebaut hat, gewinnt das Spiel. Es treten alle nacheinander an. Ein Schiedsrichter misst die Zeit mit einer Stoppuhr. Im Cup-Stacking-Sport gibt es verschiedene Muster. Eines der Grundmuster ist das sogenannte »3-3-3«-System. Dabei stehen vor dem Spieler drei Bechertürme mit jeweils drei Bechern. Nacheinander baut er daraus drei Türme.

Eierkartonexperiment

Eierkartons sind gegenüber Wasser sehr widerstandsfähig. Selbst strömender Regen beim Transport von Eiern im offenen Fahrradkorb kann ihm nichts anhaben: Er hält. Man darf ihn nur nicht zu fest anpacken, wenn er stark durchfeuchtet ist.
Das Experimentieren mit Eierkartons bietet sich besonders gut als Vorbereitung zum nachfolgenden Eierkartonprojekt an, um die Widerstandsfähigkeit von Eierkartons zu testen.

Alter: ab 4 Jahren
Material: Eierkartons, Wasser

Die Kinder füllen in eine Mulde des Eierkartons Wasser. Durch geschicktes Bewegen des Eierkarton lassen die Kinder das Wasser von Mulde zu Mulde fließen, ohne dass etwas danebengeht. Am Ende können alle miteinander vergleichen, wie viel Wasser in der letzten Mulde angekommen ist. Die Kinder müssen dabei mit der Geschwindigkeit und ihrer Geschicklichkeit experimentieren. Dauert das Fließen des Wassers von Mulde zu Mulde zu lange, versickert womöglich etwas in der Eierkartonpappe. Lassen die Kinder das Wasser zu schnell fließen, verlieren sie womöglich etwas. Diesen Wasserfluss können die Kinder auch auf der Unterseite des Eierkartons ausprobieren. Dort sind die Mulden etwas tiefer, haben aber keinen Rand, sodass eher mal etwas daneben läuft.

Projekt: Kinder bauen ein Haus aus 2000 Eierkartons (Kindergarten HeDuDa, Bremen)

Dies ist Teil einer umfassenderen Projektdokumentation und eines Berichtes.

Eierkartons als Bau- und Spielmaterial

Durch ihre besondere Form und Beschaffenheit eignen sich Eierkartons trotz ihrer Leichtigkeit zum Transport von Eiern. Durch diese »Robustheit« können sie aber auch besonders gut für das Bauen und Konstruieren eingesetzt werden.

Es gibt zwei Arten von Eierkartons: die einen haben einen Klappdeckel und fassen entweder 6 oder 10 Eier. Und es gibt die flachen Eierpappen. Als Bausteine für Mauern sind z. B. die Eierkartons besser geeignet, da sie dreidimensional sind und sich gut stapeln lassen. Die flachen Eierpappen eignen sich hingegen eher für Spiele, wie z. B. das Zielwerfen.

Wie bei fast allen Alltagsmaterialien haben auch Eierkartons einen hohen Motivationscharakter: Es reicht allein, einige Kartons in die Turnhalle zu legen und daneben Steine und Tischtennisbälle zu platzieren. Innerhalb von kürzester Zeit werden sich die Kinder damit beschäftigen. Die Älteren fangen sicherlich schnell an, die Tischtennisbälle in die Eierkartons zu werfen. Jüngere Kinder hingegen legen die Steine in die Eiermulden oder schütteln sie hin und her.

Von der Idee zur Realisierung des Projekts

Vor drei Jahren saß ich mit einer Freundin und Kollegin zusammen. Es entstand die Idee, aus Eierkartons ein Haus zu bauen. Erste Bauversuche im Garten sorgten für Enttäuschung: Aus 150 Eierkartons ist ein Bauwerk von 1 mal 1 Meter und 80 cm Höhe entstanden. Keine Dimension für eine 25-menschengroße Kindergartengruppe.

Der Wunsch wurde geboren, ein Spielhaus zu bauen, das so stabil ist, dass es dem Spieldrang der Kindergruppe standhält. Eine erste Hochrechnung ergab, dass ca. 1500 Eierkartons benötigt werden. Zusammengekommen sind weit über 2000 Eierkartons. Was aus den Kartons geworden ist, die für den Hausbau nicht benötigt werden, davon später mehr.

Erste Bauversuche

Der Start des Eierkartonprojekts

Heute hat sich unser größter Raum im Kindergarten, die Garage, in eine riesige Baustelle verwandelt. In den nächsten drei Wochen können die Kinder mit den unzähligen Eierkartons frei spielen, bauen und experimentieren. Die Älteren haben heute angefangen und ihre Baukünste gezeigt. Es sind riesige Rundbauten bis zur Garagendecke entstanden. Insgesamt haben sie sich 2 Stunden sehr intensiv beschäftigt. Es haben 10 Kinder zusammengearbeitet. (Eva Maria Günther, Erzieherin HeDuDa)

Stunde 0: Die Kinder nehmen ein »Eierkarton-Bad«.

Das Besondere am Projekt: Die ErzieherInnen haben sich ganz bewusst zurückgenommen und kaum etwas geplant. Die Kinder sollten von Anfang an das Heft bei der Planung in der Hand behalten. Die einzige Vorbereitung bestand im Beschaffen des Materials, Werkzeuges und anderer Baustoffe.

Zur Bauweise

Ein Eierkarton wurde immer auf die Lücke zweier anderer geklebt. Als Kleber diente zunächst Montagekleber, der aber schnell verarbeitet werden musste. Um mehr Zeit beim Bauen zu haben, wurde später dick angerührter Kleister stattdessen verwendet. Um den Kleister trocknen zu lassen, mussten dann immer wieder Baupausen eingelegt werden, bevor die nächste Ebene aufgestockt wurde.

Die Öffnungen der Eierkartons zeigen immer nach innen. Davon versprachen wir uns eine stabilere Außenwand. Die Unterseite eines Eierkarton wird immer auf die Oberseite der darunter liegenden Eierkartons gesetzt.

Lückenbauweise; in einigen Bauabschnitten haben die Kinder Pappe in die Mauer eingebaut, damit die Wände stabiler werden.

Planung der Fenster und Dachkonstruktion

Tag 3 auf der Baustelle: 9:00 Uhr Baubesprechung. Das Thema Fenster wurde erörtert. Jede Menge gute Vorschläge wurden gemacht. Wir haben dazu ein Modell aus Holzbausteinen angeboten und die Kinder haben sich Gedanken gemacht und ihre Lösungen am Modell dargestellt.

Das Fundament für die Wände steht.

Die Fensterplanung am Modell; ein Kind beim Ausmessen der Fensterbreite.

Es war eine sehr freundliche und fröhliche Atmosphäre auf dem Bau. Immer mal wieder tönte das Handwerkerlied über die Baustelle. Eine Wand war schief geraten, da die Fensterstürze eingesackt sind. Darum mussten wir sie von außen abstützen. Nebenbei haben wir gefachsimpelt: über das Dach. Dazu ist ein kleines Modell entstanden.

Die Dachkonstruktion in der Entstehungsphase

Baubesprechung eine Woche später: Gemeinsam mit den Kindern wurden Ideen für das Dach gesammelt und am Modell ausprobiert. Wir haben uns für ein Schrägdach entschieden.

Tag 11 auf der Baustelle: *Heute haben wir einige kleinere Befestigungsarbeiten am Dachgerüst vorgenommen, Stützbalken eingezogen und endlich auf der Baustelle mal ordentlich aufgeräumt. Nächste Woche feiern wir Richtfest. Wir werden an diesem Tag einen ganz besonderen Stein, mit ganz besonderem Inhalt setzen und ein Richtkranz muss gebaut werden.* (Eva Maria Günther, Erzieherin HeDuDa)

Richtfest

Bevor wir die Fertigstellung unseres Hauses feiern konnten, mussten wir noch das Dach zu Ende bauen.
Dazu haben wir die Dachkonstruktion abgenommen und im Hof des Kigas aufgestellt. So konnten die Kinder relativ gut an den unteren Bereich des Daches kommen, um die »Ziegel« darauf zu legen. Ab der Mitte des Daches wurde es komplizierter und einige mussten in luftiger Höhe arbeiten. (Eva Maria Günther, Erzieherin HeDuDa)
Der Dachstuhl ist fertig – wie zu sehen ist – haben wir nur noch drei Dachbalken gelassen. Es hält auch so. Sieben Dachbalken waren zu viel. So wirkt es innen viel geräumiger und offener.

Unser Eierkartonhaus ist nun fast fertig und unser Bauprojekt neigt sich dem Ende zu. Es war aufregend und spannend zugleich. Wir Großen haben

Der Richtkranz

die ganze Zeit mitgelernt und uns über jeden Teilerfolg gefreut wie »kleine Kinder«. Uns ErzieherInnen hat es viel Freude bereitet. Wir planen nächste Woche eine Einweihungsfeier mit den Eltern. (Eva Maria Günther, Erzieherin HeDuDa)

Kleiner Dachdecker bei der Arbeit; das Dach ist fast fertig.

Das fertige Spielhaus

Was ich gelernt habe? Wie wichtig es ist, auf das zu hören und einzugehen, was in den Köpfen der Kinder vor sich geht. Und: Learning by doing. Wir sind ja recht naiv (wollte erst „unvorbereitet" schreiben) an dieses Projekt herangegangen. Klar war nur, wir wollen mit den Kindern ein Haus aus Eierkartons bauen und das wir davon ganz viele brauchen. Alles andere hat sich ergeben, beim Bauen. Und angemessen zu reagieren, d. h., sich als Erwachsener auch zurückzunehmen. Es ist eine so befriedigende Erfahrung.

Finale

Es sind noch Kartons übrig. Das Haus braucht noch Möbel. Eine Klingel und einen Briefkasten hat das Haus schon bei der Einweihung gehabt. Möbel sind dazu gekommen: ein Stuhl, ein Sessel, ein Raumteiler für ein anderes Zimmer und ein Sofa.

Ein halbes Jahr nach der Einweihung: Das Haus steht noch immer. Am Dach wurden einige Ausbesserungen vorgenommen und die Möbel sind immer noch stabil. Ein dreiviertel Jahr später ist das Dach kurz vor dem Einsturz und eine Wand wackelt. Gemeinsam wird überlegt, wie es zu reparieren ist. Die Kinder organisieren das Spiel im und um das Haus. Und jeden Tag wird von den Kindern ein neuer Briefträger gewählt, der die Post austrägt. Die Möbel und Raumteiler wurden in einen anderen Gruppenraum integriert und sorgen da für eine angenehmere Lautstärke und Raumakustik.

Möbel und Raumteiler aus Eierkartons

Stiele, Streichhölzer, Stöcke, Nägel und Zahnstocher

Eisstiele im Einsatz

Auf den ersten Blick scheinen sich die Materialien nicht zum Bauen und Konstruieren zu eignen: Stiele, Nägel, Zahnstocher und Streichhölzer. Doch legen die Kinder erst einmal los, zeigen sich schnell die besonderen Bauqualitäten dieser Materialien.

Ihnen gemeinsam ist, dass sie alle lang und dünn sind. Durch ihre jeweiligen Eigenarten eignen sie sich aber für unterschiedliche Bauweisen und Konstruktionen:

- Nägel haben einen Kopf. Das ermöglicht, dass die Kinder diese Köpfe nutzen können, damit sie an einem anderen Gegenstand hängen bleiben oder einen Widerstand bilden (wie z. B. bei der Nagelmurmelbahn [Seite 38]).
- Stiele, Nägel, Zahnstocher und Streichhölzer haben eine Spitze, die die Kinder in andere Materialien stecken können (wie z. B. bei der Knetekügelchenbauweise [Seite 109 ff.])
- Stiele, Nägel und Zahnstocher sind rund, Streichhölzer eckig, sodass sie sich eher zum Stapeln und für größere Bauwerke eignen.
- Nägel sind im Gegensatz zu den anderen Materialien sehr hart und robust. Kinder müssen Werkzeug anwenden, um sie zu verarbeiten, wie z. B. bei der Nagelmurmelbahn (Seite 101).
- Stiele, Zahnstocher und Streichhölzer sind ein sehr filigranes Material. Sie sind leicht und daher anfällig gegen äußere Einflüsse wie Wind und Erschütterungen.

Erbsenarbeiten (Friedrich Fröbel)

Die Erbsenarbeiten stellen einen Schwerpunkt dieses Kapitels dar. Hierfür wird die Kügelchen-Bauweise verwendet. Dazu werden Zahnstocher mit unterschiedlichsten Materialien zusammengesteckt.

Dabei können die Kinder unterschiedliche Materialien einsetzen, die unterschiedliche Vor- und Nachteile haben:

◆ Erbsen

Traditioneller Weise werden für die Erbsenarbeiten Erbsen verwendet. Die Erbsen werden getrocknet und mit Schale gekauft. Zum Verarbeiten müssen diese zwölf Stunden in Wasser eingeweicht werden: am besten über Nacht. Danach können die Erbsen und Zahnstocher zu Konstruktionen zusammengesteckt werden und müssen etwa 12 Stunden zum Trocknen weggestellt werden.

Erbsen ohne Schale funktionieren nicht. Sie würden auseinanderfallen, wenn die Kinder Zahnstocher hineinstecken.

◆ Knete

Alternativ zu den Erbsen kann auch Knete verwendet werden. Die Knete hat den Vorteil, dass sie von den Kindern sofort verarbeitet werden kann. Nur müssen die darauf achten, dass sie die Kügelchen durch das Kneten nicht zu weich kneten. Dann können die Konstruktionen sich leicht verziehen oder zusammensacken. Wenn die Knete wieder erkaltet ist, sind die Bauwerke sehr stabil. Die Kinder können sie sogar in die Hand nehmen. Sinnvoll ist es, bei Knete mit einer Unterlage zu arbeiten, damit die Bauwerke an einen sicheren Platz getragen werden können. Dafür eignen sich Tabletts am besten.

Erbsenarbeiten

Pyramide aus Knete

Konstruktionen aus Stielen, Stäben …

Tetraeder in groß

Kleine Modelle aus Zahnstochern und Knetekügelchen lassen sich in ein Großformat übertragen. Dies geht am besten mit Besenstielen.

Alter: ab 7 Jahren
Material: Besenstiele, Säge, Tacker, Paketschnur oder Geschenkband

Die Kinder sägen die Besenstiele in der Mitte durch und tackern an die Enden eine 10 cm lange Schnur oder Geschenkband. Die Besenstiele knoten die Kinder zu einem geometrischen Körper zusammen. Ähnliche Bauweisen finden sich beim Hausbau (Seite 105) wieder. Diese großen Modelle eignen sich zum Durchsteigen und Krabbeln. Kinder erleben so bewegte Formen und Körper.

Ein Tetraeder aus Besenstielen

Huimaschine

Die Huimaschine ist ein physikalisches Spielzeug, das ursprünglich aus Thailand kommt.

Alter: ab 8 Jahren
Material: 2 Holzstäbe oder Buntstifte, Schnitzmesser, Tonkarton, Schere, Pinnnadel

Auf den Fotos ist eine selbst gebastelte Huimaschine aus einem dünnen Holzstab zu sehen. Buntoder Bleistifte eignen sich noch besser dafür, da das Holz weicher ist und sich besser bearbeiten lässt. In Abständen von ca. 5 mm schnitzen die Kinder Kerben in den Stab. An die Spitze des Stabes befestigen die Kinder mit einer Pinnnadel einen ca. 2 cm mal 4 cm großen Streifen Tonkarton. Das ist der Propeller der Huimaschine. Jetzt nehmen die Kinder einen zweiten Stab zur Hand. Mit diesem Stab reiben sie über die Kerben der Huimaschine und der Propeller setzt sich in Bewegung. Doch dabei gibt es einen kleinen Trick:

Hui macht die Maschine

Auf dem Bild ist zu sehen, wie der Daumen leicht seitlich, aber dennoch von oben Druck ausübend auf dem Reibestab liegt. Nehmen die Kinder den Daumen nach unten und legen den Zeigefinger leicht seitlich nach oben, ändert sich die Drehrichtung des Propellers.

Brückenbau mit Eisstielen

Die Konstruktion und das Bauen von Brücken ist für Kinder eine wichtige Erfahrung. Vieles aus so einem Bauprozess lässt sich sinnbildlich übertragen:

- *Ich werde getragen.*
- *Ich schaffe den Weg.*
- *Brücken führen zusammen.*
- *Ich habe ein Ziel und kann es erreichen.*

Brücken können Kinder als Modell bauen oder als Bauwerk, das sie selber trägt. Sei es beim Überqueren eines Baches und eines Hindernisses. Spannend wird dies vor allem, wenn es um selbsttragende Brückenkonstruktionen geht – wie bei der Leonardobrücke (Seite 99) und der sog. Dreibalkenbrücke (siehe Seite 99).

Alter: ab 5 Jahren
Material: Eisstiele, Streichholzschachteln, Knete, Joghurtbecher, Murmel

◆ Selbsttragende Brücken aus Eisstielen

Um diese Brücken zu bauen (Abb. 1 und Abb. 2), benötigen die Kinder weder Klebstoff, Nägel, Schrauben noch irgendwelche anderen Sachen, um die Brücke haltbar zu machen.
Die erste selbsttragende Konstruktion (Abb. 1) geht auf Leonardo Da Vinci zurück und wird daher auch Leonardobrücke genannt.

Die ersten beiden Abbildungen in der linken Spalte zeigen, wie die Eisstiele ineinander verschachtelt werden.

Abb. 1: Die Leonardobrücke mit ineinander verschachtelten Eisstielen

Wenn die Kinder die Brücken aus entsprechend großen Brettern bauen, können sie darauf sogar stehen. In der Einführung findet sich eine Übung, die das Prinzip der Leonardobrücke auf eine Akrobatikfigur überträgt (siehe Seite 13).

Abb. 2: Dreibalkenbrücke aus waagerecht übereinandergelegten Eisstielen auf Streichholzschachteln

◆ Brückenkonstruktionen aus Eisstielen und Knete

Die Kinder bauen zunächst das Fundament der Brücken. Dazu werden mehrere Eisstiele parallel zueinander auf den Tisch gelegt. Darauf drücken die Kinder längs auf beiden Seiten Knete und befestigen quer zu den Stäbchen weitere Stäbchen. Das ist die Fahrbahn der Brücke. Auf diese Fahrbahn werden hochkant die verschiedenen Brückenkonstruktionen der Eisenbahn- und Bogenbrücke mit Knete aufgebracht (siehe Abb. 1–2).

Abb. 1 Eisenbahnbrücke: Die Bauteile werden jeweils mit Knete befestigt.

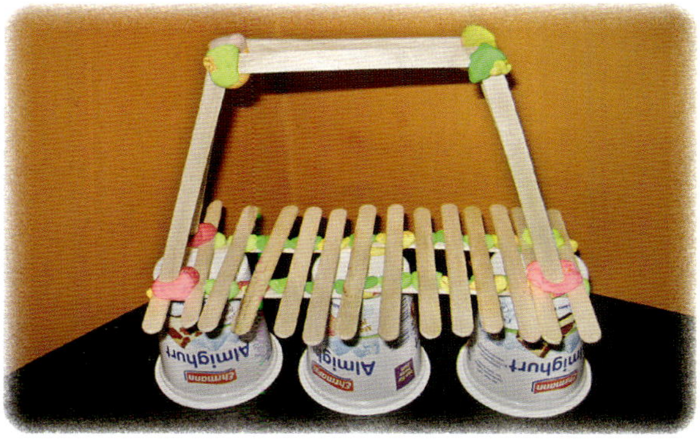

Abb. 2 Bogenbrücke: Um dem Modell Stabilität zu geben, benötigt man ein starkes Fundament.

◆ Aquädukte – Wasserleitungen

Römische Aquädukte sind »Leitungen«, mit denen Wasser in der Antike über weite Strecken geleitet wurden. Sie zählen zu den bedeutendsten Bauwerken der Antike.

Fußgängerbrücke: Diese Brücke hat ein anderes Fundament als die anderen Brücken. Hier haben die Kinder zwei Pfeiler gebaut, die sie mit Stegen verbunden haben.

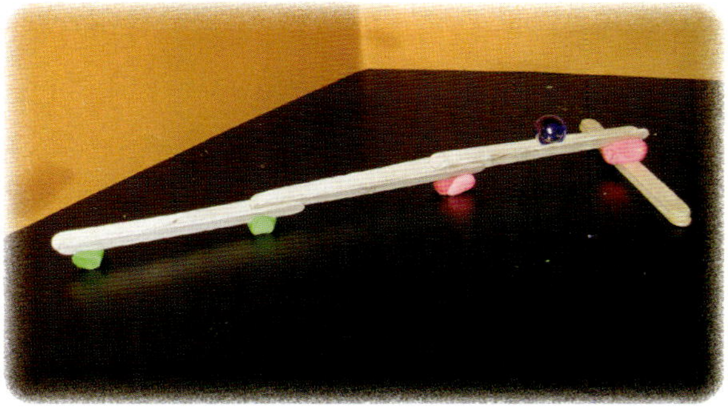

Dieses Bauwerk leitet zwar kein Wasser, wohl aber Murmeln. Dazu drücken die Kinder zwei Stäbchen so in Knete, dass sich eine Rinne bildet.

Ein Nagelbrett für Murmeln

Diese Murmelbahnkonstruktion erinnert an die Schwungbahn aus Klopapierrollen (siehe S. 82–83).

Alter: ab 4 Jahren
Material: 1 Brett, Nägel, Hammer, Kronkorken, Dosen, Klebesterne, Klebstoff, Murmeln

In Abständen von ca. 3 mm schlagen die Kinder die Nägel in Bogenform in das Brett. Das Ende eines Bogens endet im ersten Drittel des darunter liegenden Bogens. Die Kinder verzieren ihr Nagelbrett mit Kronkorken, die sie mit Klebstoff befestigen, und Klebesternen.
Je nach Wunsch kann auch eine Dose integriert werden. Das erzeugt einen schönen Klang, wenn die Murmel darüber läuft.

Nagelbrett-Murmelbahn

Streichholzkonstruktionen

Alter: ab 9 Jahren
Material: Streichhölzer

Streichhölzer sind ein sehr filigranes Baumaterial. Sie sind sehr leicht: Eine ungeschickte Fingerbewegung der Kinder und alles stürzt zusammen. Mit ruhiger Hand können die Kinder jedoch daraus große Bauwerke konstruieren und bauen. Dabei können sie beim Bauen immer weiter in sich und der Tätigkeit versinken.

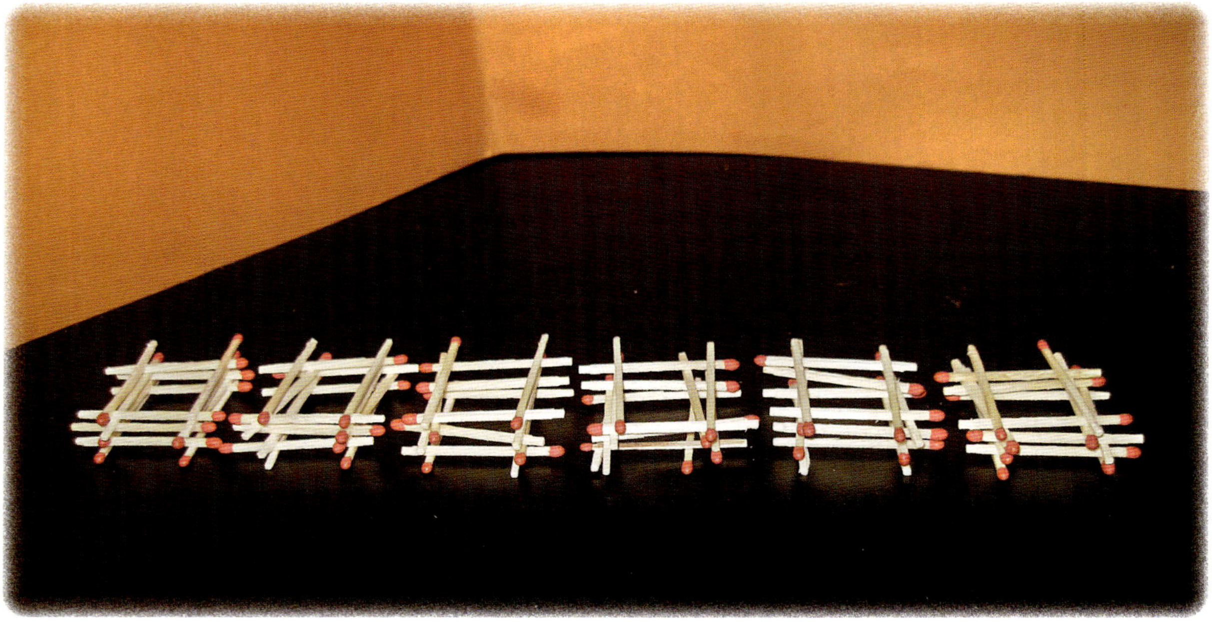

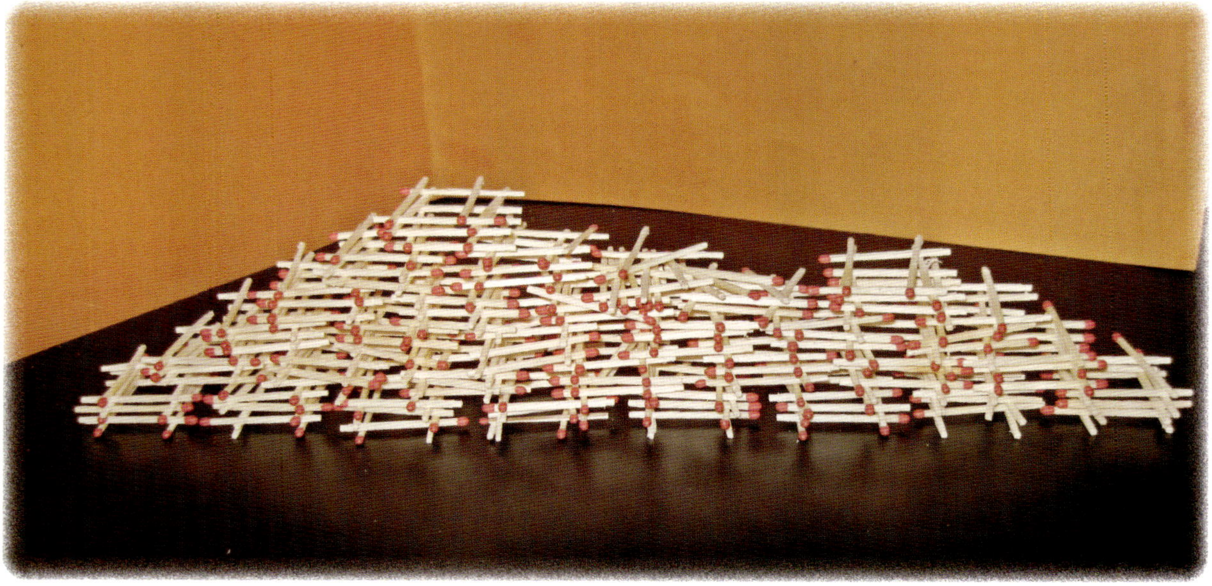

Filigran und kunstvoll

Konstruktionen aus Stöcken, Astscheiben, Stockrosen- und Sonnenblumenstielen

Murmelbahn in Aktion

Astscheiben-Murmelbahn

Auf einem dünnen Brett können Kinder mit Astscheiben die schönsten Murmelbahnen entwerfen. Dabei können sie mit der Enge der Astscheiben zueinander und mit der Schräge des Brettes experimentieren. Je steiler das Brett gehalten wird, desto schneller sind die Murmeln.

Alter: ab 4 Jahren
Material: dünnes Brett, Astscheiben, Knetekügelchen, Eisstiele, ggf. kleine Stöckchen, Steine, Muscheln und ähnliche Naturmaterialien

Zunächst bauen die Kinder für das Brett einen Rahmen. Dazu bringen sie mithilfe von kleinen Knetekügelchen und Eisstielen eine dünne Leiste an das Brett an, indem je zwei Knetekügelchen pro Eisstiel an das Brett angedrückt und die Eisstiele in die Knete gesteckt werden.
Für die Astscheiben legen die Kinder einfach Kügelchen auf das Brett und drücken sie mit den Astscheiben fest. Zusätzlich kann die Bahn auch mit kleinen Stöckchen, Steinen, Muscheln und ähnlichem Naturmaterial gestaltet werden.
Damit die Murmeln gut rollen, wird die Murmelbahn schräg gegen eine Wand gelehnt.

Jetzt kann die Kugel rollen!

Murmelbahn aus Stockrosenstielen

Bei dieser Murmelbahn läuft eine Murmel auf einzelnen Bahnen hin und her. Das erfordert etwas vorausschauendes Denken und viel feinmotorische Arbeit. Zur Vorbereitung sollten mit den Kindern vorab einige Schnitzarbeiten durchgeführt werden.

Alter: ab 5 Jahren
Material: Stiele von Stockrosen, Sonnenblumen oder Holunderbüschen, Schnitzmesser, Nagel oder Schraube, Duplo-Bausteine, Knete, Murmeln; evtl. Stöcke oder Äste, Steine und Sand

Die Kinder schnitzen die einzelnen Bahnen in die gewünschte Form zurecht. Zum Schnitzen eignen sich insbesonders Stiele von Stockrosen oder dickere Sonnenblumenstiele. Ebenso können die Kinder Stöcke von Holunderbüschen nehmen. Am besten lassen sich die Stiele oder Stöcke bearbeiten, wenn sie getrocknet sind.
Mit einem Schnitzmesser öffnen und halbieren die Kinder die Stiele. Die Füllung können sie mit dem Messer etwas lockern und dann mit dem Kopf von einem Nagel oder einer Schraube herauskratzen.

Nun kommt die Überlegung, ob die einzelnen Bahnen zwischen zwei Sandhügeln, zwischen zwei Wänden einer Schachtel oder zwischen zwei Duplo-Türmen hin und her laufen sollen. In diesem Beispiel liegen die Bahnen zwischen zwei Duplo-Türmen. Unter dem obersten Punkt der einzelnen Bahnen wird etwas Knete angebracht. Das fixiert sie an den Duplo-Türmen und sie verrutschen nicht.
Hinweis: Die Stockrosenstiele sollten vor der Verarbeitung getrocknet werden!

Variante aus Stöcken und Ästen

Die Kinder suchen weiches Holz in ihrer Umgebung. Gut gehen Stöcke und Äste, die von der Witterung schon weich geworden sind. Zum Bearbeiten der einzelnen Bahnen brauchen die Kinder lediglich Schnitzmesser. Hiermit schneiden sie die Bahnen zurecht und höhlen sie aus. Das Gestell für die Bahnen besteht aus dickeren Ästen und wird fest in der Erde verankert. Den Rand verstärken die Kinder mit Steinen und Sand. Die einzelnen Bahnen liegen auf dem Astgestell auf, ohne befestigt zu werden (siehe Seite 105).

Das Haus aus Stöcken und Ästen nimmt langsam Gestalt an.

Die Bahnen aus ausgehöhlten Stöcken und Ästen können immer wieder anders gelegt werden, sodass sich die Murmeln verschiedene Wege bahnen können.

Hausbau

Aus stabilen Stöcken lassen sich Häuser bauen, die als Rückzugsort für Kinder von Bestand sein können.

Alter: ab 3 Jahren
Material: Stöcke, Äste, Tape, dünnes Seil (z. B. Wäscheleine), Eimer oder Blumentöpfe, Sand oder Erde, 1 Leiter, Äste mit Blättern, Efeu; evtl. Bambusstäbe, Sägen, Bohrer, Schmirgelpapier, Schnürsenkel, Klammern, Tücher

Als Grundpfeiler stellen die Kinder an einer der vier Ecken des Hauses eine Leiter auf. Dies dient der Stabilität. Nötig sind vier Pfeiler. Die anderen drei senkrechten Stützpfeiler lassen die Kinder in einen Eimer oder Blumentopf (mit nassem Sand oder nasser Erde) ein. Dadurch stehen diese stabiler auf dem Boden.
An die Pfeiler bringen die Kinder Querverbindungen aus Stöcken oder Ästen an. Dort, wo Äste und Stöcke ein Kreuz gebildet haben, werden sie zusammengeknotet. Bei wichtigen tragenden Verbindungen wird ein »Kreuzknoten« verwendet. Verbindungen aus besonders schweren Ästen werden

zunächst mit Klebeband getapt und dann ebenfalls mit einem Kreuzknoten verbunden. In allen anderen Fällen reicht eine einfache Verbindung. Dazu wird das Seil um die beiden Stöcke gewickelt und mit einem einfachen Knoten festgemacht.
Auf das Dach verteilen die Kinder Efeupflanzen und Äste mit Blättern. Damit die beim nächsten Wind nicht gleich wegfliegen, beschweren sie die Blätter durch weitere Äste und Stöcke. Wer möchte, kann auch Efeu an den Wänden hochwachsen lassen.

Variante (ab 7 Jahren)

Alternativ kann das Haus auch aus Bambusstäben gebaut werden. Dazu sägen die Kinder die Bambusstäbe auf eine Länge von ca. 1,20 Meter zu. Die Enden befreien sie mit Schmirgelpapier von Splittern und scharfen Kanten. Im Abstand von 10 Zentimetern bohren die Kinder zudem Löcher in die Stäbe. Zum Bauen von Häusern benötigen die Kinder noch Schnürsenkel, Klammern und Tücher. Die Enden der Schnürsenkel sind verstärkt. Dadurch können sie leicht durch die Löcher in den Stäben gefädelt werden, um die Stäbe miteinander zu verbinden. Steht das Grundgerüst, werden die Wände mit Tüchern verkleidet. Mit Wäscheklammern befestigen die Kinder die Tücher an den Stäben. Et voilá, das Haus ist fertig!

Haus aus Bambusstäben und Tüchern

3D-Konstruktionen aus Rundholzstecksystem

Alter: ab 7 Jahren
Material: Rundhölzer (8 mm Durchmesser), 50 cm und 1 m lange, durchsichtige Schläuche, Kabelbinder

Aus den Schläuchen und den Kabelbindern stellen die Kinder die Steckverbindungen her. Dazu werden die Schläuche von den Kindern in 6 cm lange Teile geschnitten. Je nachdem, wie viele Verbindungen für eine Konstruktion benötigt werden, muss die Anzahl der Schlauchstücke von den Kindern gewählt werden. Mit den Kabelbindern zurren sie die Schlauchstücke zusammen. Je nachdem, wie groß die Bauwerke werden sollen, muss auch die Länge der Stäbe von den Kindern mit einer Säge angepasst werden.
Als Faustregel gilt: Bauwerke mit kürzeren Stangen sind stabiler. Bei den Meterstäben müssen die Kinder einen Haltestab anbringen, mit denen sie das Bauwerk festhalten können.
Sind die Schlauchstücke vorbereitet, können die Kinder anfangen zu bauen. Anfangs sind einfache Formen, wie z. B. ein Würfel sinnvoll, damit die Kinder sich an die Bauweise gewöhnen.

Langsam entsteht das Bauwerk.

Ein visuell eindrucksvolles Erlebnis ist es, wenn bei einem Würfel an jeder der oberen Ecken eine Stange zum Festhalten angebracht ist. Vier Kinder können diesen Würfel durch die Luft bewegen.

Hängebrücke

Alter: ab 6 Jahren
Material: Bindfaden, Stöcke

Bei dieser Brückenkonstruktion knoten die Kinder die einzelnen Stöcke mit Bindfaden aneinander. Dazu reicht nach jedem Stock ein einfacher Knoten. Die Brücke wird mit einem Bindfaden aufgehängt.

Die Brückenkonstruktion ist so stabil, dass sie auch schwere Gegenstände aushält. Hier eine Lkw-Blechdose, die mit Steinen gefüllt ist.

Konstruktionen aus Zahnstochern und Knetekügelchen (Erbsenarbeiten nach Fröbel)

Weihnachtliche Deko

Mit Knetekügelchen und Zahnstochern bauen die Kinder weihnachtliche Deko, die besonders gut mit Zauberwatte verziert werden kann.

Alter: ab 5 Jahren
Material: Teller, Knete, Zahnstocher, Zauberwatte, Kerzen

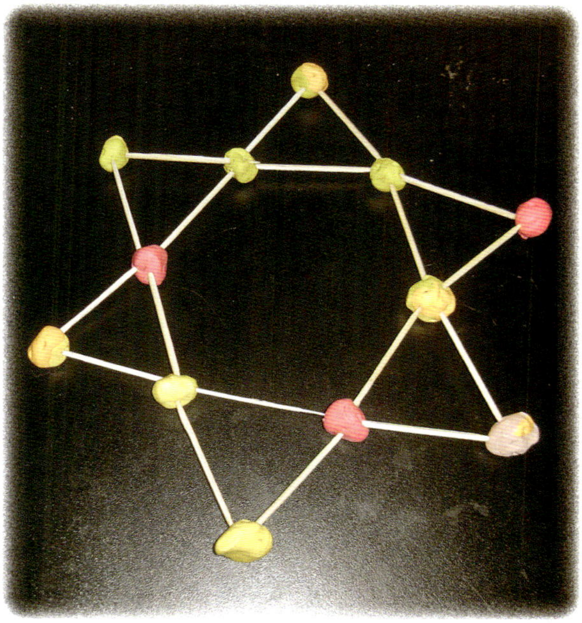

◆ **Adventsstern**

Den Adventsstern bauen die Kinder am besten auf einem großen Teller. So können die Kinder ihr Gesteck an einen beliebigen Platz transportieren und dort hinstellen. Verziert wird das Ganze mit Zauberwatte.

Fehlen nur noch die Kerzen.

◆ **Weihnachtsbaum**

Einfacher ist es, wenn die Kinder den Weihnachtsbaum im Liegen bauen. Wenn er fertig ist, stellen sie ihn hin. Der Weihnachtsbaum kommt richtig zur Geltung, wenn mit Zauberwatte farbliche Akzente gesetzt werden.

Weihnachtsbaum

◆ **Weihnachtsstern**

Neben dem Adventsgesteck und dem Weihnachtsbaum kann dieser Stern die Stimmung steigern.

Ab in den Weltraum – Eine Rakete

Alter: ab 6 Jahren
Material: Knete, Zahnstocher

Der Weltraum und wie man dorthin kommt, fasziniert Kinder immer wieder aufs Neue. Die Rakete als Konstruktion ist recht filigran und erfordert viel Geduld und Fingerfertigkeit von den Kindern. Der Fantasie der Kinder sind beim Bauen der Rakete keine Grenzen gesetzt.
Hinweis: Bei komplexeren Konstruktionen muss darauf geachtet werden, dass die Knete bei der Verarbeitung nicht zu warm wird, sonst fallen die Konstruktionen schnell in sich zusammen, da die Knete weich wird. Die Kinder sollten die Knete daher nicht zu lange in der Hand halten. Es hilft zudem, wenn die Rakete nach Fertigstellung für zwei Stunden in den Kühlschrank gestellt wird.

Rakete: 3, 2, 1 und Start!

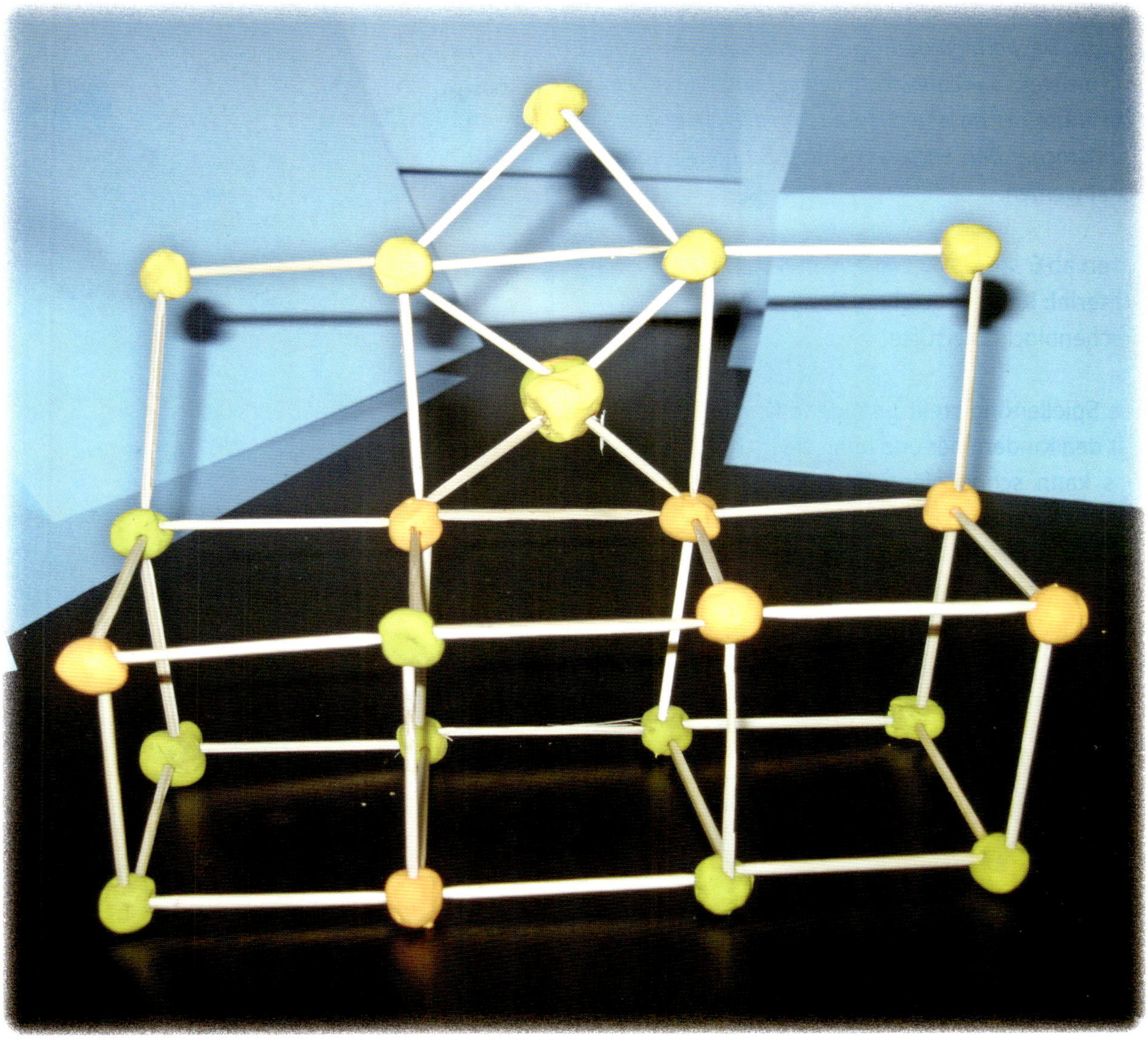

Beispiel für ein Modell frei nach Fröbel – hier mit Knetekügelchen nachgebaut.

Modelle nach Fröbel

Friedrich Fröbel hat weit über 100 Modelle gesammelt. Vor allem jüngere Kinder können diese nachbauen oder Kombinationen daraus zusammenstellen.

Alter: ab 3 Jahren
Material: Zahnstocher, Knetekügelchen

Berühmte Bauwerke nachbauen

Mit der Erbsen- und Knetekügelchenbauweise können die Kinder in die Geschichte von berühmten Konstruktionen abtauchen und die Geschichte der Menschen nachleben, die diese Konstruktionen gebaut haben, wie z. B. der Eiffelturm in Paris oder das Atomium in Brüssel/Belgien.

Bei diesen Konstruktionen müssen die Kinder sehr viel tüfteln. Bei Formen und Figuren aus der Geometrie sind meistens nur Zahnstocher einer Länge vonnöten. Hier muss richtig geplant und konstruiert und die Zahnstocher den entsprechenden Bauteilen angepasst werden.

Alter: ab 6 Jahren
Material: Knetekügelchen, Zahnstocher, Zeichenblock, Bleistifte

Die Spielleitung stellt genügend Knetekügelchen mit den Kindern her und kühlt sie im Kühlschrank. Das kann schon einen Tag vorher geschehen. Ebenso kann es ratsam sein, dass die Kinder Skizzen von ihrem Bauwerk anfertigen und ihre Konstruktion in einer Baubesprechung den anderen Kindern vorstellen. Bei großen Bauwerken wie dem Eiffelturm fangen die Kinder in der Mitte an und arbeiten sich nach oben und außen vor.
Hinweis: Mit dieser Bauweise können die Kinder auch in die Architektur ihrer Umgebung eintauchen. Sie können den Kindergarten, die Schule, das Rathaus oder ein anderes markantes Gebäude nachbauen.

◆ **Der Eiffelturm**

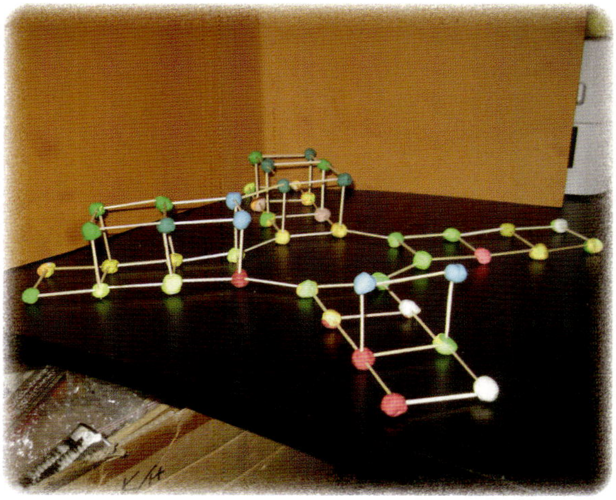

Das Fundament

Es geht in die Höhe.

◆ **Das Atomium (Brüssel/Belgien)**

Das fertige Atomium

Das Atomium ist ein Bauwerk, das auch jüngere Kinder leicht bauen können.

Spiele, die mit dem Material vertraut machen

Eisstielkreisel

Alter: ab 4 Jahren
Material: Holzkugeln, Knete, Eisstiele, Murmeln, Pappe, Schere, kleine Plastikkreisel, Holzleim, ggf. Farbe und Pinsel

Aus Eisstielen können ganz unterschiedliche Kreisel konstruiert und gebaut werden. Eisstiele können die Kinder in Knete stecken oder auf Pappe kleben. Optisch spannende Ergebnisse können die Kinder auch mit zweifarbigen Eisstielkreiseln erzielen.

Auf eine Holzkugel drücken die Kinder Knete. In die Knete stecken sie acht Eisstiele. Um den Kreisel andrehen zu können, drücken die Kinder oben in die Knete eine Murmel.

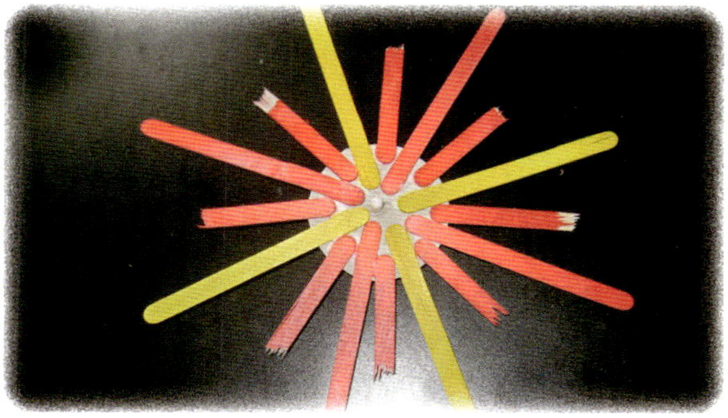

Aus fester Pappe schneiden die Kinder einen Kreis aus. Die Kinder nehmen einen Plastikkreisel und stecken diesen mit seinem Griff durch den Mittelpunkt der Pappscheibe. Die Eisstiele werden mit Holzleim an dem Pappkreis befestigt. Schön ist es auch, wenn die Stiele zweifarbig angemalt werden, dann ergeben sich beim Drehen schöne Farbeffekte.

Kreisellabyrinth

Alter: ab 4 Jahren
Material: Pappe, Klebstoff, Zahnstocher, Kreisel, Murmel

Auf ein Stück Pappe kleben die Kinder mehrere Zahnstocher, sodass diese ein Labyrinth bilden. In der Mitte des Labyrinthes wird ein Kreisel angedreht und durch Bewegen der Pappe durch das Labyrinth geführt. Alternativ können die Kinder Murmeln durch das Labyrinth rollen lassen.

Immer im Kreis durch das Labyrinth

Alternative aus Papp-Halbkreisen

Taue, Seile, Schläuche & Co.

Murmelbahn aus Schläuchen

Taue, Seile, Faden, Garn und Draht sind im Alltag nicht wegzudenken. Schuhe werden damit zugeschnürt, Wäsche daran aufgehängt und Kinder springen darüber oder klettern daran hoch.
Doch das Material eignet sich für viel mehr. Betrachtet man einmal ein Spinnennetz genauer, fällt gleich die Schlichtheit und Vollkommenheit der Bauweise auf. Spinnen sind erprobte Netzweber. Versucht man selbst, ein solches Bauwerk nachzubauen, merkt man schnell, dass es gar nicht so einfach ist. Es braucht eine Menge Bauplanung und vorausschauendes Denken, um so eine Konstruktion stabil zu bekommen.

Konstruktionen aus Schläuchen und Rohren

Murmelbahn aus Drainagerohr

Alter: ab 3 Jahren
Material: Drainagerohr, Bindfaden, Bälle, Autos, Bauklötze

Rohr-Murmelbahn

Ein Drainagerohr befestigen die Kinder mit Bindfaden an einem Treppengeländer. Die Kinder lassen durch das Rohr Bälle nach unten rollen. Aber auch andere Materialien wie Autos oder Bauklötze können durch das Rohr geschickt werden. Dabei machen sie ein lautes ratterndes Geräusch, wenn sie durch das Rohr fahren.

Durchsichtige Schlauch-Murmelbahn

Alter: ab 3 Jahren
Material: durchsichtiger Schlauch, Haken, Bindfaden, Klebeband, Duplosteine, Murmeln

Riesenmurmelbahn an einem Balken

Ganz spannend ist die Bauweise mit Duplosteinen. Dabei bauen die Kinder die Führung für den Schlauch aus den Duplosteinen.

Für die Kinder gibt es verschiedene Möglichkeiten, aus Schläuchen Murmelbahnen zu bauen. Die Kinder können den Schlauch in Haken reinlegen oder mit Bindfaden und Klebeband an Leitern, Balken oder Treppengeländern befestigen.

Hinweis: Durchsichtigen Schlauch bekommt man als Meterware im Baumarkt. Bevor der Schlauch besorgt wird, sollte man überprüfen, welchen Durchmesser die Murmeln haben, damit man einen entsprechenden Schlauch besorgen kann.

Konstruktionen aus Seilen, Büro- und Heftklammern

Spinnennetz

Spinnennetze sind faszinierende Konstruktionen in der Natur. Sie sind einzigartig. Kein Spinnennetz gleicht dem anderen. Und sie haben besondere Eigenschaften: Zum einen sind die Spinnfäden dehnbar, zum anderen sind sie stärker als Stahl.

Alter: ab 4 Jahren
Material: Papier, Malstifte, Seile, Äste, Büroklammern, Tacker, Haken, Lichterkette; evtl. Haken mit Saugnäpfen, Pfeifenputzer, Basteldraht, Filz

Die Spielleitung kann mit den Kindern auf verschiedene Weise ein Spinnennetz bauen. Damit Kinder die Konstruktionsweise verstehen, malen diese zunächst ein Spinnennetz auf Papier. Erst dann legen sie es aus Seilen auf dem Boden aus.
Um ein senkrechtes Spinnennetz zu bauen, brauchen die Kinder einen Rahmen. Hierfür können mehrere erreichbare Äste in einem Baum dienen, zwei nahe beieinander stehende Bäume oder Pfähle oder das Vordach eines Schuppens. Der äußere Rand eines Spinnennetzes ist der Rahmen und die Verbindungen zwischen Rahmen und dem Mittelpunkt sind die Speichen. Diese müssen an Haken

Kinder beim Spielen von Spinnennetzschach

geknotet oder mit einem Tacker festgepinnt werden.
Die Querverbindungen werden jeweils auf einer »Linie« einmal um die Speichen gewickelt. Das gibt dem Netz genügend Stabilität. Die Speichenverbindungen müssen nicht geknotet werden. Sie können von den Kindern z. B. in das Netz einer Lichterkette integriert werden. Das sorgt in der Dunkelheit oder bei Festen für eine wohlige Atmosphäre.
Haben die Kinder das Netz aus Seilen gebaut, können sie Spinnennetzschach spielen. Nacheinander steigen die Kinder durch ein Feld des Netzes. Keines darf zweimal verwendet werden. Irgendwann wird es schwierig, weil es je nach Anzahl der Kinder auch an die höheren Felder geht. Hier ist sehr viel Koordination und Kooperation von den Spielenden gefordert.
Hinweis: Alternativ können die Kinder auch ein Spinnennetz aus Büroklammern zusammenknüpfen. Je mehr Büroklammern verwendet werden, desto schöner der Effekt.

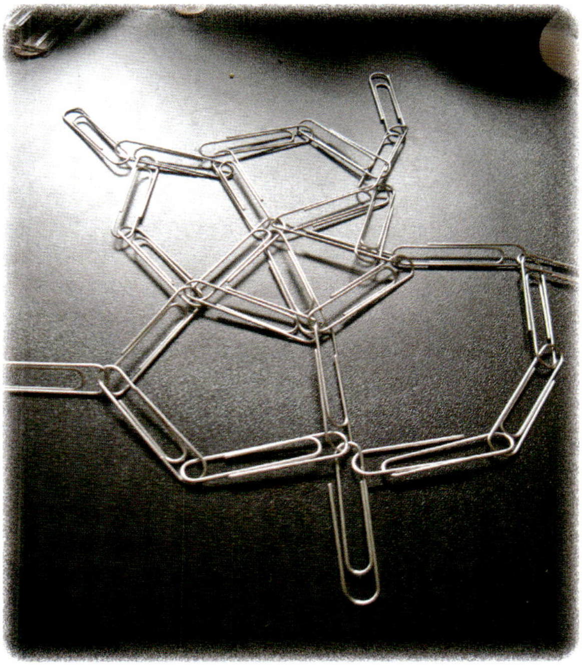

Spinnennetz aus Büroklammern

Spinnennetz am Küchenfenster

Variante fürs Küchenfenster
Zuerst befestigen die Kinder die Haken mit Saugnapf. Aber nicht ganz am Rand, sodass sie später noch nachgespannt werden können. Die gegenüberliegenden Haken verbinden sie miteinander und knüpfen die Querverbindungen von außen nach innen zu einer Spirale. Die Spinnen stellen die Kinder aus jeweils 5 Pfeifenputzern her. Dazu biegen sie die einzelnen Beine zurecht und umwickeln diese mit dünnem Basteldraht in der Mitte. Mit Filz können die Kinder daraus kleine Fingerpuppen herstellen.

Büroklammer-Arbeiten

Alter: ab 5 Jahren
Material: Büroklammern; evtl. Schraubstock, Zange, Klebestreifen

Die nachfolgende Form aus Büroklammern wird zusammengesteckt, ohne dass die Kinder etwas an den Klammern verbiegen müssen. Manchmal ist etwas Knobelei und Fingerspitzengefühl nötig. Der Fantasie der Kinder ist hierbei keine Grenzen gesetzt.

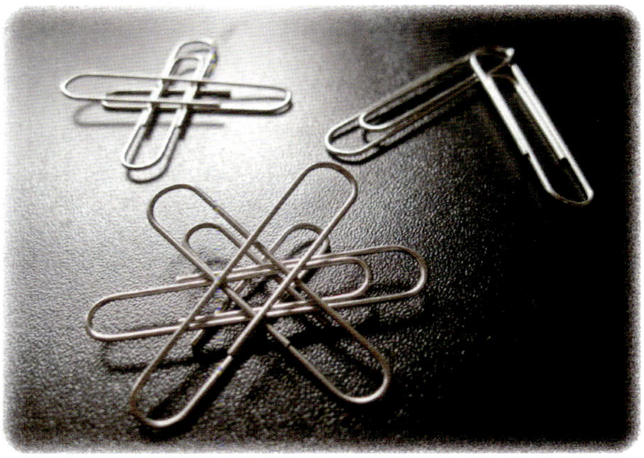

Filigran und schön

Variante

Büroklammern zu neuen Objekten zu verbiegen, ist für Kinderhände nicht so einfach. Behelfen können sich die Kinder, indem sie die Büroklammer in einem kleinen Schraubstock fixieren und sie mit einer Zange bearbeiten.

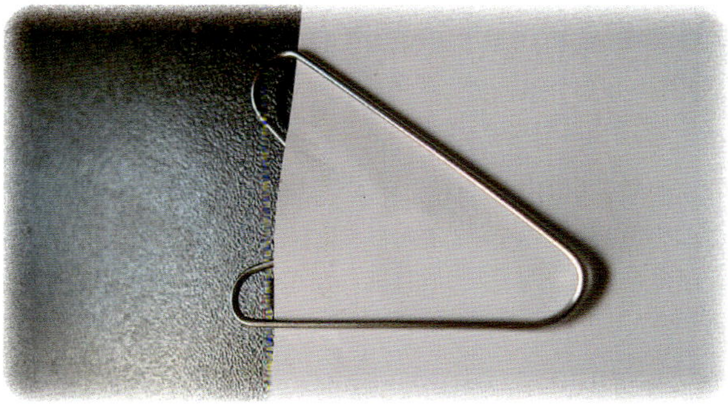

Gebogene Büroklammer

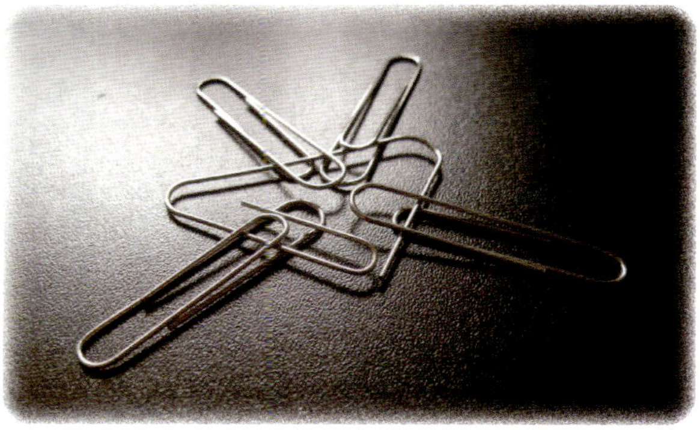

Ein Hase: Hier stecken die Kinder die Büroklammern ineinander.

Gyrocopter: Hierfür biegen die Kinder die Büroklammer auseinander und drehen sie am Ende mit einer Zange zu einer Spirale ein. Am oberen Ende befestigen die Kinder einen Klebestreifen. Werfen die Kinder den Gyrocopter in die Luft, rotiert er um seine Längsachse und segelt so zu Boden.

Stadtsilhouetten

Um sich mit der Architektur der eigenen Stadt auseinanderzusetzen, eignen sich Stadtsilhouetten.

Alter: ab 9 Jahren
Material: Material Koffer 1 (Skizzenblock, Bleistifte, Fotoapparat, geometrische Papp-Formen, Klebstoff, weißes A3-Papier), Material Koffer 2 (Schachteln, Bauklötze, Heftklammern, Dosen, Spielzeug-Treppenläufer, Holzbrett, dicke Pappe, Kleister)

Die Spielleitung bereitet zwei Materialkoffer vor: Koffer 1 ist der Ausflugskoffer und Koffer 2 der Bastelkoffer für die Einrichtung. Für den Ausflugskoffer schneidet sie geometrische Formen aus Pappe in vielfacher Ausfertigung aus.

Die Spielleitung und die Kinder machen einen Ausflug, zu dem sie den Materialkoffer 1 mitnehmen, und setzen sich z. B. an das Ufer eines Flusses und schauen, wie die andere Seite aussieht. Die Kinder können ihre Eindrücke festhalten, indem sie Skizzen mit einem Bleistift oder Fotos anfertigen. Eine weitere Möglichkeit, Silhouetten festzuhalten, sind verschieden große und bereits zurechtgeschnittene Quadrate, Rechtecke und Kreise aus schwarzem Papier. Diese werden mit Klebstoff auf ein großes weißes Blatt Papier geklebt.
Zurück in der Einrichtung können die Kinder die Silhouetten nachbauen. Dafür eignen sich besonders Schachteln oder Bauklötze. Dafür und für die folgende Möglichkeit, Eindrücke festzuhalten, stellt die Spielleitung Materialkoffer 2 zur Verfügung.

Eine filigrane und sehr aufwendige Technik ist das Nachbauen einer Silhouette aus Heftklammern. Jedoch optisch und ästhetisch ein sehr ansprechendes Vergnügen. Damit die Heftklammern nicht immer wieder umfallen, kann man ein Holzbrett oder dickes Kartonpapier etwas einkleistern und die Heftklammermagazine mit Klebstoff darauf festkleben. Dosen oder Spiralen können den Gesamteindruck verstärken. So kann aus einem Spielzeug-Treppenläufer (Metallspirale) eine Bogenbrücke werden oder aus schmalen Dosen ein großer Schornstein.
Hinweis: Es gibt Kinder, die ihre Eindrücke von Ausflügen nicht sofort wiedergeben können. Sie brauchen einige Zeit, um das Erlebte und Beobachtete zu verarbeiten. Manche Kinder wollen sofort loslegen, um gleich alles zu »Papier« zu bringen. Wichtig ist, sich darauf einzustellen. Die Spielleitung kann beide Materialkoffer in der Einrichtung für mehrere Tage bereithalten und den Kindern immer wieder Impulse geben, ihre Eindrücke festzuhalten.

Skizzen für die Stadtsilhouetten

Links: Die Kinder überlegen, welchen Verlauf die Bahn nehmen soll. Aus der Knete bauen sie einzelne Pfeiler-Elemente, die immer höher werden. Die Kinder beginnen mit den beiden tiefsten Knete-Pfeilern und drücken ein Heftklammermagazin dort rein, sodass eine erste Trasse entsteht. Sie bauen weitere Elemente an. Zwischendurch lassen die Kinder immer wieder eine Murmel rollen, um zu testen, ob die Bauabschnitte funktionieren.
Rechts: Bei dieser Murmelbahn bauen die Kinder die Bahn um den Stein herum. Element für Element wird mit Knete an den Stein angebracht.

Heftklammer-Murmelbahnen

Heftklammern sind ein sehr filigranes Material. Die Klammerbahnen zerbrechen sehr leicht. Und dennoch lassen sich interessante Bauwerke daraus konstruieren und bauen. Die Kinder können kleine Murmeln in den Bahnen rollen lassen, größere Murmeln auf der Bahn.

Alter: ab 6 Jahren
Material: Knete, Heftklammermagazine, Flaschenverschluss, 1 großer Stein, Murmeln

Zum Fixieren der Einzelteile eignet sich Knete sehr gut. In sie können die einzelnen Heftklammermagazine reingedrückt werden. Dies funktioniert sowohl bei Murmelbahnen, die eine lange Bahn bilden, als auch bei denen, die um ein anderes Bauteil herum gebaut werden.

Hinweis: Dabei gibt es ein paar Dinge für die Kinder zu beachten. Soll die Murmel auf der Bahn rollen, darf diese nicht zu steil sein und die Kurven nicht zu eng, weil die Murmel sonst aus der Bahn springt. Soll sie in der Bahn rollen, müssen die Einzelteile sehr genau aneinander angebaut werden.

Spiele, die mit dem Material vertraut machen

Büroklammerkreisel

Alter: ab 9 Jahren
Material: Büroklammern, Zange

Aus einer Büroklammer können die Kinder einen Kreisel biegen. Am einfachsten geht das, wenn zuerst der Kreis, dann die Radiusstücke und zuletzt die Achsen gebogen werden.

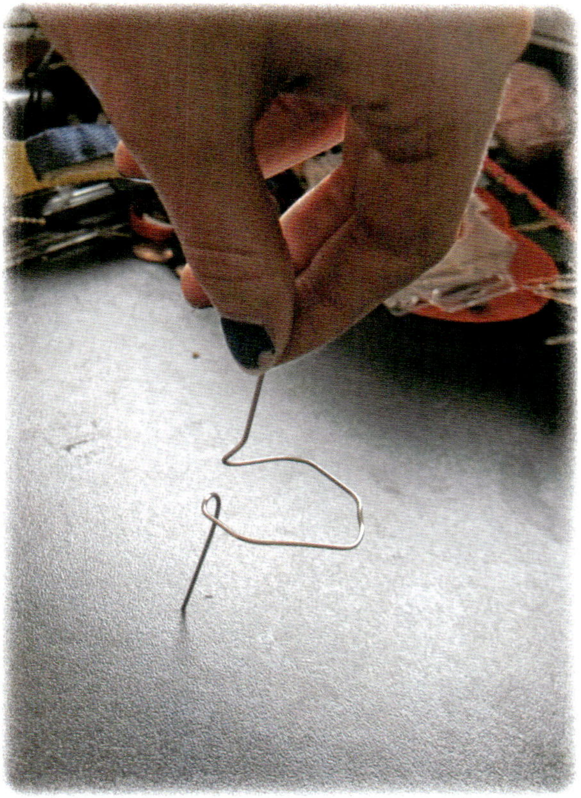

Einfacher zu biegen sind die langen Büroklammern. Und je kürzer die Spitze ist, auf der sich der Kreisel dreht, je ruhiger läuft er und lässt sich andrehen.

Froschhüpfen

Alter: ab 5 Jahren
Material: Büroklammern

Die Kinder ziehen die beiden Hälften der Büroklammer auseinander. Die größere Hälfte kommt auf dem Tisch zum Liegen. Nun legen die Kinder die Spitze vom Zeigefinger an die Spitze der oberen kleinen Hälfte der Büroklammer. Sie üben mit dem Finger etwas Druck aus und ziehen ihn nach unten weg. Dadurch hüpft die Klammer vorwärts. Die Kinder können daraus verschiedene Wettbewerbe machen:

- den Frosch möglichst nah an ein Ziel schnippen,
- den Frosch möglichst weit schnippen,
- den Frosch möglichst hoch schnippen.

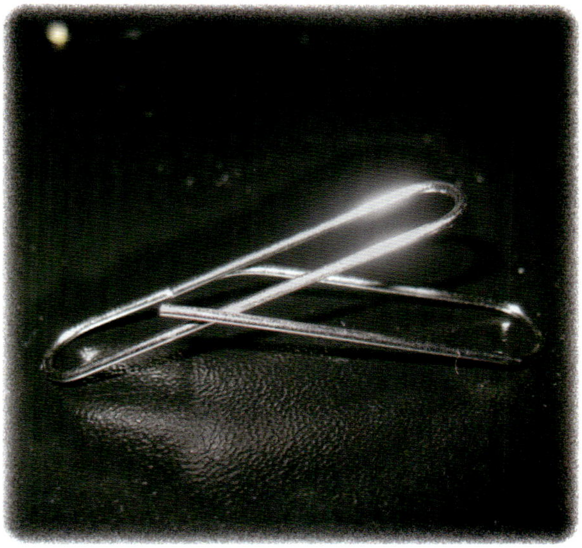

Büroklammer-Frosch

Seillaufen einmal anders

Alter: ab 7 Jahren
Material: 1 dickes, mindestens 6 m langes Tau

Die Gruppe steht am langen Tau und bringt es als Kreis in Form. Die beiden Enden werden von einem Erwachsenen zusammengehalten. Die Hände halten das Tau so, dass der Handrücken unten ist. Das ist wichtig, damit beim Balancieren niemand auf den Handrücken tritt. Alle Spieler spannen gleichzeitig das Seil an. Die Arme werden dabei lang gehalten. Wichtig ist das gleichmäßige Anspannen des Taues. Lässt mal jemand locker, wird es für die beiden Kinder daneben schwer, das Tau unter Spannung zu halten. Ist das Seil gespannt, steigt ein Kind auf das Seil und balanciert in der Runde. Nachdem es den Kreis einmal umrundet hat, ist das nächste Kind an der Reihe.

Vorsichtig balanciert das Kind über das Seil.

Zollstöcke

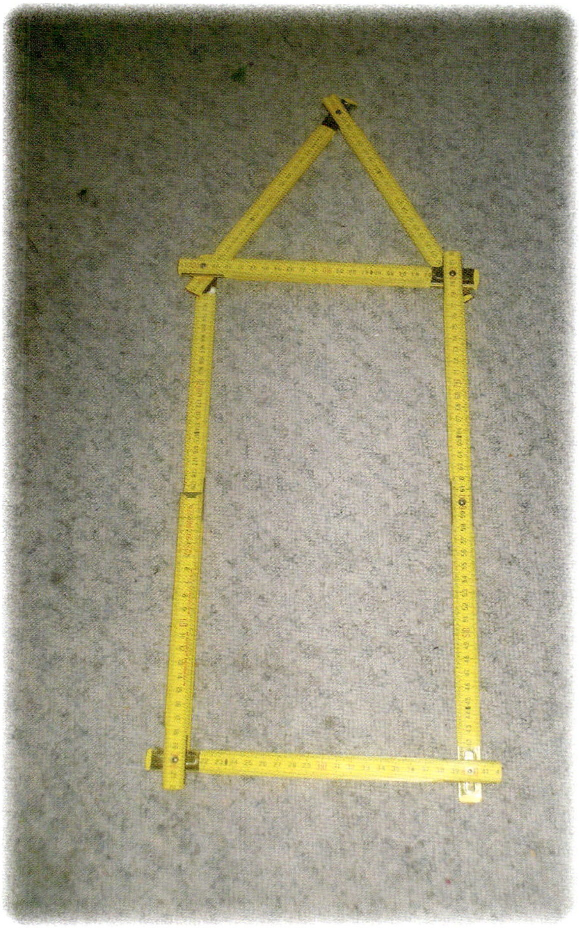

Zollstock-Haus ...

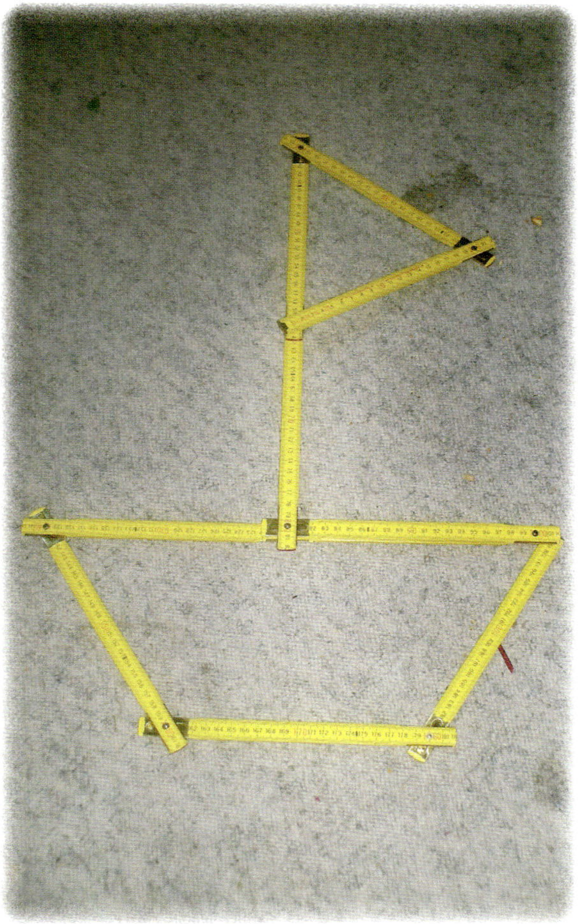

und Zollstock-Schiff

»Ich bin auf zack, bist du zu heftig, mach ich knack.«

Dieser Spruch versinnbildlicht den Umgang der Kinder mit den Zollstöcken. Sobald sie einen Zollstock in der Hand halten, laufen sie stolz durch die Gegend, um einfach alles zu vermessen. Genauso schnell wird er zur Pistole oder zum Zauberstab umfunktioniert. Innerhalb kürzester Zeit ändert sich so im Spiel die Bedeutung des Zollstockes. Kinder schalten da schnell um.

Ebenso ist es mit Bauwerken aus Zollstöcken. Gerade dann, wenn auch noch andere Materialien ins Spiel kommen – die Wäscheleine – sind der Fantasie keine Grenzen mehr gesetzt: Mal ist das Bauwerk ein Zelt. Ein paar Zollstöcke später, die an der Wäscheleine hängen, ist es eine Fabrik. Und die noch übrig gebliebenen Zollstöcke sind Werkzeuge, mit denen in der Fabrik Autos zusammengeschraubt werden.

Ein Zollstock übt auf Kinder einen besonderen Reiz aus, da er nicht ständig als Spielzeug zur Verfügung steht. Kaum hat jedoch ein Kind einen in der Hand, werden die Gelenke aus- und wieder zusammengeklappt und mit ihm vermessen. Oft entstehen Rollenspiele, in denen Situationen nachgespielt werden: Handwerker bauen ein Haus oder der Zollstock wird zur Pistole für einen Cowboy. Wichtig ist am Anfang, dass die Kinder üben, wie man einen Zollstock auseinanderklappt. Viele Kinder hatten vielleicht noch nie einen in der Hand. Und ungeübte Kinderhände können so einen Stock auch schon mal durchbrechen.

Konstruktionen mit »Zollstock«

Zollstock-Tiere

Alter: ab 6 Jahren
Material: Zollstöcke

Diese Figuren hat Jantje (8 Jahre) eher zufällig beim Spielen mit einem Zollstock entdeckt. Ein Fisch um 90° gedreht wird zum Hasen.

Hase

Grashüpfer

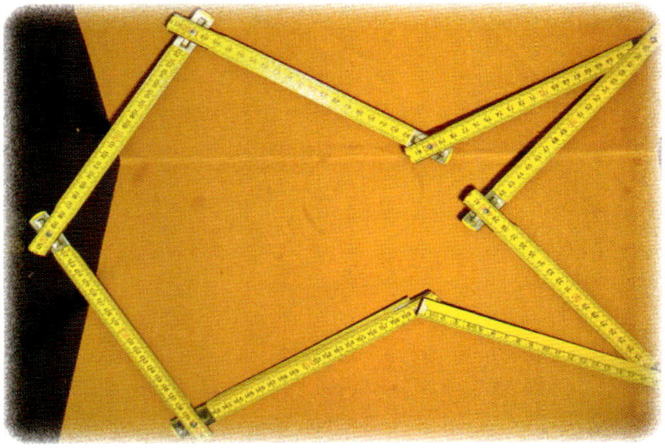

Fisch

Spiralen

Alter: ab 4 Jahren
Material: Zollstöcke

Die Kinder stapeln Zollstöcke zu einer Spirale in die Höhe. Die Stöcke müssen dabei alle in ihrem Mittelpunkt übereinander liegen, weil die Spirale sonst einstürzt. Ähnliche Spiralen lassen sich z. B. mit Bauklötzen bauen (Seite 134).

Spirale aus Zollstöcken

Wäscheleinen-Konstruktionen

Eine stramm gespannte Wäscheleine bietet den Grundstock für tolle Gebäude. Dabei können die Kinder eine Eigenschaft des Zollstockes nutzen. Sie können den Anfang eines Zollstockes umknicken, sodass ein Winkel entsteht. Diesen können die Kinder an die Wäscheleine hängen.

Alter: ab 3 Jahren
Material: 1 gespannte Wäscheleine, Zollstöcke, Chiffontücher, Klammern, ggf. Leiter

Durch die Eigenschaften des Zollstockes in Verbindung mit einer Leine und unter Zuhilfenahme von Wäscheklammern sind große Bauwerke möglich.

Sollte das Bauwerk nicht halten, können die Kinder eine Wäscheklammer zu Hilfe nehmen.

Work in progress

Ein spannender Impuls, den die Spielleitung da setzen kann, weil der Bauimpuls nicht am Boden beginnt, sondern in der Höhe. Als Hilfestellung können Leitern zur Verfügung gestellt werden.

In Kombination mit Chiffontüchern entstehen so Zelte und Höhlen. Unter Sonneneinstrahlung ein ästhetisches und sinnliches Farben- und Lichterspiel. Die Tücher bringen die Kinder mit Wäscheklammern an der Leine und den Zollstöcken an.

Zelt aus Chiffontüchern

Variante

Zelt aus Zollstöcken

Mit Seiden oder Chiffontüchern behangen, entsteht daraus ein Tipi.

Zeltkonstruktionen

Alter: ab 3 Jahren
Material: Zollstöcke, Tücher, Wäscheklammern, Schwungtuch

Beim Bau der ersten Konstruktion kommt dieselbe Technik zum Tragen wie bei der Pyramide (siehe vorhergehende Konstruktion). Bei der zweiten Konstruktion stellen die Kinder die tragenden Zollstöcke schräg. So halten sie das Zelt in der Balance. Die Kinder können die Konstruktion mit Tüchern behängen und erhalten so einen Kriechtunnel. Die Tücher pinnen die Kinder mit Wäscheklammern an den Zollstöcken fest.

Variante mit Schwungtuch

Bei dieser Zeltkonstruktion haben die Kinder (8 Jahre) das Schwungtuch an eine Wäscheleine gehangen. Um die Zeltwände abzuspannen, haben sie Zollstöcke eingesetzt. Dazu wurden die Enden eingeklappt und in die Halteschlaufen gehängt.

Eine Pyramide

Alter: ab 4 Jahren
Material: Zollstöcke

Beim Bau einer Zollstockpyramide kommt ein ganz besonderes Merkmal zum Tragen. Wenn man einen Zollstock knickt, entsteht ein Winkel. Setzt man hier einen ebenfalls eingeknickten Zollstock drauf, stützen sie sich gegenseitig ab und es entsteht eine Pyramide.

Pyramide

Sternenzauber

Alter: ab 7 Jahren
Material: 1 Zollstock

Stern als Weihnachtsdeko

Aus einem Zollstock zaubern die Kinder einen 5- oder 7-zackigen Stern. Dazu klappen sie von der oberen Kante des Zollstockes 4 Elemente nach unten aus und von unten 3 Elemente, sodass aus dem Zollstock ein Dreieck entsteht. Die linke Hand hält das Dreieck nun an der offenen Ecke (unten) fest. Mit der rechten Handkante hauen die Kinder auf die obere Waagerechte. Die Zacken noch ein wenig richten. Fertig ist der Stern.

Labyrinthe und Irrwege

Labyrinthe und Irrwege faszinieren seit Anbeginn der Menschheit Kinder und Erwachsene gleichermaßen. Labyrinthe laufen auf einen Mittelpunkt zu, um die Menschen dort in die Irre zu führen. Von dort führt der Weg zum Ausgang. Labyrinthe haben in der Regel logische Wegführungen, die der Besucher sich erlaufen kann.

Alter: ab 5 Jahren
Material: Zollstöcke

Es gibt für Labyrinthe bestimmte Kriterien:

- Außen herum besitzt das Labyrinth eine Linienbegrenzung. Diese Grenze hat eine Öffnung, durch die das Labyrinth betreten wird.

Ein dreieckiger Irrweg

- In einem Labyrinth gibt es keine Wegkreuzungen und damit auch keine Wahlmöglichkeit, andere Wege einzuschlagen.
- Der Innenraum eines Labyrinthes ist durch zahlreiche Windungen ausgefüllt.

Aus Zollstöcken können Kinder auf ganz einfache Art und Weise Labyrinthe und Irrwege legen:

Ein quadratisch angelegter Irrweg

Ein Labyrinth

Spiele, die mit dem Material vertraut machen

Zollstock-Teppich

Alter: ab 5 Jahren
Material: Zollstöcke

Aufgabe bei diesem Spiel: Die Gruppe webt aus Zollstöcken einen Teppich.

Gewebte Zollstöcke

Es muss darauf geachtet werden, dass die Zollstöcke nicht zu dicht nebeneinander geschoben werden, weil sie sonst brechen könnten.
Ist der Teppich fertig gewebt, probiert die Gruppe, ob man etwas darauf legen kann und alle heben gemeinsam den Zollstockteppich hoch.

Ein Fingerspiel

Eine Kooperationsübung für Gruppen.

Alter: ab 5 Jahren
Material: Zollstock

Die Kinder teilen sich in zwei Kleingruppen auf. Sie stellen sich in zwei Reihen auf. Dabei können sie sich anschauen. Nun strecken alle ihren Zeigefinger in die Mitte, sodass sich alle Fingerspitzen berühren. Die Spielleitung legt auf die Finger einen ausgeklappten Zollstock. Dieser soll nun vorsichtig auf den Boden gelegt werden.

Durch das Labyrinth

Alter: ab 6 Jahren
Material: Augenbinden, Zollstöcke, evtl. Seile oder Gymnastikstäbe

Gemeinsam legen alle Kinder ein Labyrinth aus Zollstöcken (siehe Abb. rechts unten auf Seite 128). Einem Kind werden die Augen verbunden und es wird durch Zurufe von den Mitspielern durch das Labyrinth geführt. Statt mit Zollstöcken können die Kinder dieses begehbare Labyrinth auch mit Seilen oder Gymnastikstäben legen.

Labyrinth aus Seilen und Gymnastikstäben

Geduldsspiel

Alter: ab 4 Jahren
Material: 1 Flasche, Zollstöcke

Die Kinder legen auf eine Flaschenöffnung mehrere Zollstöcke, ohne dass diese herunterfallen oder ihre Enden den Boden berühren.

Mit viel Geduld werden die Zollstöcke in die Balance gebracht.

Würfel in die Dose

Alter: ab 6 Jahren
Material: 2 Zollstöcke, 2 offene flache Dosen, Klebstoff, 1 Würfel

An jeweils ein Ende zweier Zollstöcke kleben die Kinder eine offene flache Dose. Die Zollstöcke klappen die Kinder 60 cm auseinander. In eine Dose legt ein Kind einen Würfel. Nun gilt es, den Würfel in die Dose seines Mitspielers zu übergeben. Jedes Mal, wenn es geklappt hat, wird der Zollstock um weitere 20 cm aufgeklappt.

Ein Balanceexperiment

Ein Experiment, in dem sich die Kinder mit dem Balancehalten auseinandersetzen müssen.

Alter: ab 5 Jahren
Material: Zollstock, Messer, eine Tischkante

Die Kinder knicken den Zollstock zu einem offenen Kreis. In die Mitte wird ein Messer geklemmt. Die Spitze stellen die Kinder auf eine Tischkante und bringen den Stock in Balance. Dabei müssen die Kinder mit der Wölbung des offenen Kreises experimentieren.

Auf Messers Schneide

Holzbauklötze (Fröbel)

Eine Konstruktion mit frei haltenden Elementen

Der Kindergartenpädagoge Friedrich Fröbel hat eine besondere Form von dreidimensionalen Bauklötzen erfunden, die sich besonders gut zum Experimentieren und Konstruieren für Kinder eignen. Sie zeichnen sich insbesondere durch ihre Einfachheit und ihr ausgewogenes Seitenverhältnis zueinander aus: Länge 4 – Breite 2 – Höhe 1.

Bauwerke mit diesen Ziegeln erhalten dadurch eine besondere Stabilität. Auch erlaubt dies ungewöhnliche Konstruktionen, wie z. B. einen schrägen Turm.

Fröbel hat Spielmaterialien in drei Gruppen aufgeteilt:

- Dreidimensionale Materialien
- Flächenartige Materialien
- Punktartige Materialien

Durch ihre Einfachheit regen diese Bauklötze Kinder zu mehr Fantasie und Aktivität an. Sie trainieren das räumliche Denken und bekommen ein Gefühl für unterschiedliche Größenverhältnisse. Abgesehen von der Beschaffenheit der Bausteine gibt es keine Regeln oder Einschränkungen, die die Kinder beim Bauen hiermit berücksichtigen müssen. Besonders reizvoll sind diese Bauklötze sowohl für Kinder im Kindergarten als auch in der Grundschule, weil aufgrund ihrer Beschaffenheit die Kinder damit große Bauwerke konstruieren können. Ein ähnliches Baumaterial sind die Kapla Bausteine.

Streichholzschachteln haben ähnlich wie Fröbelbauklötze ganz bestimmte Längen- und Seitenverhältnisse. Sie sind zwar etwas anders als bei den Fröbelbauklötzen, doch steckt auch hier ein System dahinter. Auf die Länge einer Schachtel passen drei schmale Seiten. Auf die schmale Seite einer Streichholzschachtel passen zwei stehende schmale Seiten. Daher können alternativ zu den Fröbelbausteinen bei den nachfolgenden Konstruktionen auch Streichholzschachteln verwendet werden.

Konstruktionen mit Bauklötzen

Turmbausysteme

Alter: ab 3 Jahren
Material: Fröbelbauklötze, Luftpolsterfolie

- **Türme mit schwebenden Elementen**

Abb. 1: Turm mit tragenden Elementen

Abb. 2: Hier wurden die tragenden Elemente entfernt.

Es gibt Türme, bei denen einzelne Bauabschnitte nur durch eine tragende Wand abgestützt werden (Abb. 1). Beim Bau dieser Konstruktionen bedienen die Kinder sich eines kleinen Tricks. Sie stellen unter diese Teile beim Bau Stützwände. Wenn der Druck der Bauteile von oben groß genug ist, können die Kinder die Hilfswände entfernen (Abb. 2).

Auf Luftpolsterfolie hält die Konstruktion noch mal so gut.

◆ Schräge Lage

Eine Mauer oder einen Turm in Schräglage zu bauen, erfordert viel Geduld und Fingerspitzengefühl von den kleinen Bauherren. Sie können sich Behelfen, indem sie als Untergrund eine stumpfe Unterlage wählen (z. B. die von Verpackungsmaterial).

◆ Dreieck in Treppenbauweise

Bei dieser Bauweise bauen die Kinder um die Ecke.

◆ Torbogen

Mehrere Torbögen übereinander

Torbögen können Kinder in vielen historischen Gebäuden entdecken. Vor allem in Balustraden oder als Eingang bei großen Gebäuden.

◆ **Pyramide**

Vom Fundament …

… bis zur Spitze

◆ **Spirale**

Die Bausteine werden erst aufgetürmt und dann vorsichtig seitlich verschoben.

Die Bauweise der Spirale wird im Kapitel »Zollstock« genauer erklärt (Seite 124).

◆ **Waage**

Diese Bauweise bekommt ihre Stabilität u. a. dadurch, dass die Kinder auf die Lücke zweier Bausteine einen anderen bauen. Dieser übt Druck auf die beiden unteren Bausteine aus und hält sie so im Gleichgewicht.

Damit der Turm nicht umkippt, muss der stabilisierende Baustein mittig auf den anderen beiden Bausteinen liegen.

Quader ohne Hohlraum

3D-Bauten

Alter: ab 4 Jahren
Material: Fröbelbausteine

◆ **Quader**

Einen Quader kann man auf zwei verschiedene Arten bauen: In Natura werden diese beiden Bauweisen oft für Aussichtstürme benutzt. Bei den hohlen Türmen führt innen eine Wendeltreppe nach oben. Bei der Bauweise ohne Hohlraum gibt es außen am Turm Aufgänge.

◆ **Rundbauweise**

Quader mit Hohlraum

Die Rundbauweise verjüngt sich nach oben hin und schließt in natura in der Regel mit einem Gewölbe ab.

Spiele, die mit dem Material vertraut machen

Quader-Kimspiel

Beim traditionellen Kimspiel merken sich die Kinder einige Gegenstände, die auf dem Tisch liegen. Die Kinder schauen weg und die Spielleitung nimmt einen Gegenstand weg. Die Kinder schauen nach und raten, welcher fehlt.

Alter: ab 6 Jahren
Material: Fröbelbauklötze (oder Streichholzschachteln)

Ein Quader ohne Hohlraum

Die Spielleitung baut mit den Kindern einen Quader aus 12 Bausteinen:

Bei jüngeren Kindern können einfach weniger Bausteine verwendet werden.

Die Kinder halten sich die Augen zu und die Spielleitung entfernt einige Klötze:

Die Kinder öffnen ihre Augen und raten, wie viele Klötze fehlen.

In diesem Fall wurden 3 Bauklötze entfernt.

Für dieses Spiel können alternativ auch Streichholzschachteln eingesetzt werden.

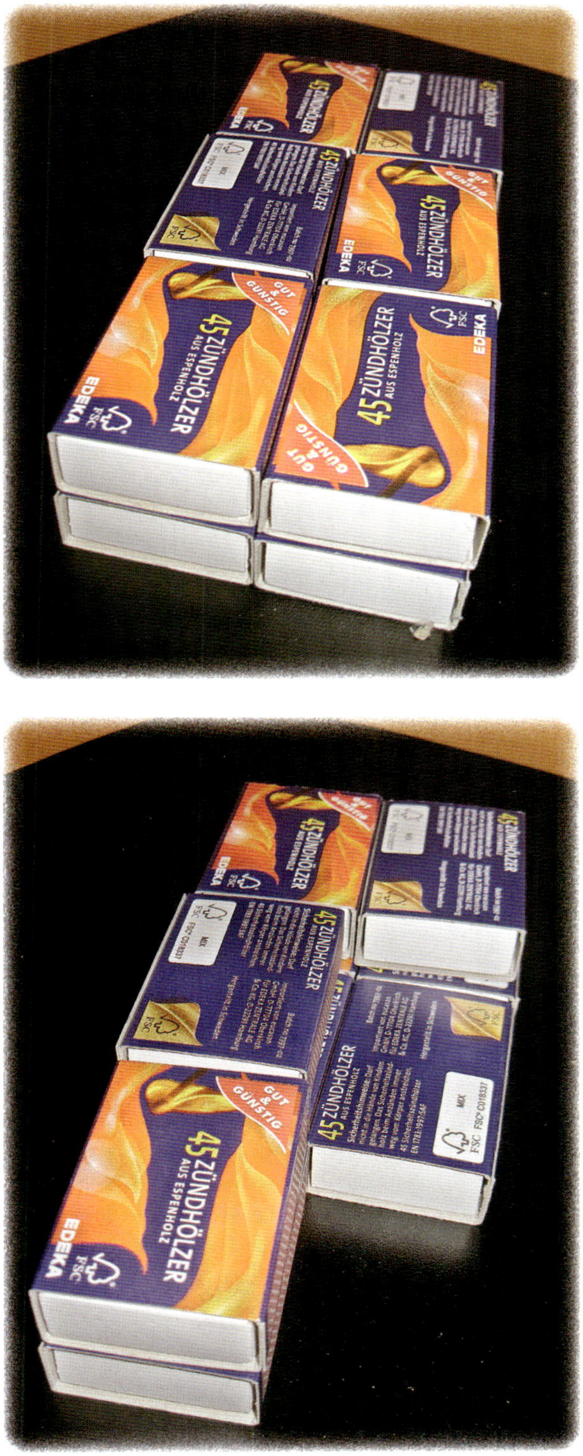

Das Quader-Kimspiel mit Streichholzschachteln

Türme nachbauen

Alter: ab 4 Jahren
Material: Decke, Fröbelbauklötze

Die Spielleitung hängt eine Decke als Sichtschutz auf. Auf jede Seite der Decke setzt sich ein Kind mit Bauklötzen. Ein Kind baut einen Turm. Wenn es fertig ist, hebt die Spielleitung kurz die Decke an. Das Kind auf der anderen Seite schaut sich den Turm an und der Sichtschutz wird wieder angebracht. Das Kind baut aus dem Gedächtnis den Turm nach.

Das Labyrinth

Alter: ab 5 Jahren
Material: Fröbelbauklötze, Murmel

Die Kinder legen aus den Klötzen ein Labyrinth. An den Anfang legen sie eine Murmel und schieben diese mit einem Finger durch das Labyrinth. Erschwert wird die Aufgaben, wenn die Murmel dabei die Seitenwände nicht berühren darf.

Murmel im Labyrinth

Die Kinder planen und skizzieren ihre Burg auf einem Papier mit Kästchen vor und setzen diesen Entwurf mit den Schaumstoffbauklötzen um.

Bauphase kurz vor der Vollendung des Bauwerkes

Hinweis: Mit diesem Material können bereits Kinder ab 3 Jahren bauen.

Herstellung eigener Bausteine

Zur Herstellung eigener Bausteine eignen sich insbesondere Styropor und Schaumstoffmatratzen, da sich diese Materialien leicht mit Kindern verarbeiten lassen.

Alter: ab 7 Jahren
Material: Schaumstoffmatratze, elektrisches Küchenmesser, Kästchenpapier, Bleistift

Die Kinder schneiden einzelne Bauklötze mit einem elektrischen Küchenmesser aus einer Schaumstoffmatratze heraus. Hiermit können sie z. B. eine Burg bauen.

Ist die Burg fertig, können die Kinder sie immer wieder verändern oder Anbauten konstruieren und bauen.

Anhang

Register

Literatur

Werner Lüfter: Handelndes Lernen im Sachunterricht. Frankfurt/M. 1983, S. 115–118.

Birgit Bender: Experiment: Statik beim Bau. Internet: http://www.wissen.de/experiment-statik-beim-bau#1, Stand 08/2013.

Stefan Köhler-Holle: Leiterakrobatik. In: Kreativ in Kindergarten und Vorschule: So ein Zirkus, Ausgabe 17, Handorf, Januar 2010.

Stefan Köhler-Holle: Murmel-1-Rennen: Ein Tag im Leben einer Murmel. In: Kreativ in Kindergarten und Vorschule: Zeit zum Spielen, Ausgabe 19, Handorf, Juli 2010.

Schallplatte »Narrenprozession«, von Hans Posegga und Michael Ende, EMI/Electrola, 1978.

Bildnachweis

Heike Weigelt, Ergotherapeutin, Bad Rappenau: Coverfoto, 26, 27, 31, 138.1, 138.2, 138.3
Geli Chevalier, Fachkraft für Psychomotorik, Dierdorf: 8
Gabriele Stannowski, Fotografin, Bremen: 40
Susanne Gardiner, Fotografin, Australien: 47.1, 70, 73.1, 73.2, 117.2
Lilien Juen, Kindergartenleiterin, Österreich: 107, 108.1
Eva Maria Günther, Erzieherin, Bremen: 16, 75.1, 75.2, 78.3
Alle Bilder, die hier nicht aufgeführt sind, stammen von Stefan Köhler-Holle, dem Autor des Buches.

Der Autor

Stefan Köhler-Holle, Jahrgang 1964, lebt in Bremen, ist verheiratet und hat 4 Kinder. Von Beruf ist er Religionspädagoge. Er arbeitet seit 25 Jahren als Zirkuspädagoge und seit 8 Jahren als freier Autor und Journalist. Für pädagogische Fachkräfte bietet er Fortbildungen in den genannten Bereichen an.

Kontakt: http://zaubererdino.blogspot.com, koehlerholle@web.de

ökotopia

Jeden Tag wachsen

Charlotte von Feyerabend

RASSEL-KÜRBIS & STROHHALM-FLÖTE

Kreative Kiga-Instrumente zum Basteln und Musikmachen

ISBN 978-3-86702-297-2

Nina Held

KASTANIENKLEBER & KONFETTIFARBE

Knetmasse, Farbe, Klebstoff & Co. zum Selbermachen: Rezepte von klassisch bis kurios

ISBN 978-3-86702-214-9

Nicole Joiner, Dagmar Rücker

KNÜLLEN, FALTEN, SCHNEIDEN, FÄRBEN

Kunterbunte Ideenkiste für Kinder von 3-8 Jahren

ISBN 978-3-86702-116-6

Nicole Joiner, Dagmar Rücker

FILZEN, WICKELN, NÄHEN, WEBEN

Kunterbunte Ideenkiste für Kinder von 3–8 Jahren

ISBN 978-3-86702-181-4

Gisela Mühlenberg

JAHRESZEITEN-BASTELKISTE

Tolle Ideen für Kinder ab 2 Jahren – fürs ganze Jahr, für Kinderfeste und zwischendurch

ISBN 978-3-86702-139-5

Gisela Mühlenberg

MIT PINSEL, FARBE, SCHERE UND PAPIER

Pfiffige Sachen basteln zum Spielen, Staunen und Bewegen mit Kindern ab 2 Jahren

ISBN 978-3-86702-105-0

Gabriele Klink

SOCKENTIER & KORKENKASPER

Verblüffend einfache Basteltipps & Spielideen für kreatives Puppentheater

ISBN 978-3-86702-247-7

Jakobine Wierz

GROSSE FARB-WERKSTATT FÜR KLEINE ENTDECKER

Vielfältige Experimente und kreative Aktionen rund um das Thema Farben

ISBN 978-3-86702-211-8

www.oekotopia-verlag.de

Bleiben Sie in Kontakt

ökotopia

Jeden Tag wachsen

Elke Gulden, Bettina Scheer

PFIFFIGE SPIELE FÜR VORSCHULFÜCHSE

Das Kiga-Buch zur ganzheitlichen Förderung der Basiskompetenzen für die Schulfähigkeit

ISBN 978-3-86702-220-0

Stefan Köhler-Holle

BAUKLOTZ-TURM & ZOLLSTOCK-SCHIFF

Einfach geniale Werk-Aktionen mit Foto-Beispielen zum Bauen & Konstruieren in Kiga & Grundschule

ISBN 978-3-86702-243-9

Andrea Erkert

DAS ZAHLENSPIELE-BUCH

Spiele und Lieder rund um die ersten Zahlen, Formen, Größen, Gewichte, Mengen, Uhr- und Jahreszeiten

ISBN (Buch) 978-3-86702-054-1
ISBN (CD) 978-3-86702-055-8

Petra Dreyer, Ruth Schillert

KÖNIG PLUS UND RABE MINUS

Zahlen, Formen, Mengen - Kinder erwerben spielerisch mathematische Vorläuferfertigkeiten in Kindergarten und Schuleingangsbereich

ISBN 978-3-86702-343-6

Gisela Walter

KINDER ENTDECKEN IHRE 7 SINNE (BD. 2)

Tasten – Bewegen – Gleichgewicht halten
Spiele und Experimente zur Förderung der Sinneswahrnehmung

ISBN 978-3-86702-190-6

Andrea Erkert

CLEVER DURCH DIE VORSCHULZEIT

Mit 60 Arbeitsblättern und ganzheitlichen Spielideen zu allen Bildungsbereichen

ISBN 978-3-86702-351-1

Elke Gulden, Bettina Scheer

K WIE KROKODIL

Das Bingospiel für die Anlaut-Unterscheidung

ISBN 978-3-86702-236-1

Elke Gulden, Bettina Scheer

GLEICH&GLEICH

Das Spiel zum Eigenschaften finden & kreativen Querdenken

ISBN 978-3-86702-293-4

www.oekotopia-verlag.de

Bleiben Sie in Kontakt